Tomasz Lem
Zoff wegen der Gravitation
Oder: Mein Vater, Stanisław Lem

Deutsches Polen-Institut

Polnische Profile

Herausgegeben von
Peter Oliver Loew

Band 12

2021

Harrassowitz Verlag · Wiesbaden

Tomasz Lem

Zoff wegen der Gravitation
Oder:
Mein Vater, Stanisław Lem

Aus dem Polnischen von Peter Oliver Loew

2021

Harrassowitz Verlag · Wiesbaden

Gefördert aus den Mitteln des Polnischen Instituts Düsseldorf und des
Ministeriums für Auswärtige Angelegenheiten der Republik Polen

Umschlagabbildung: Stanisław und Tomasz Lem beim Drachensteigen.
© Tomasz Lem

© 2009 by Tomasz Lem
Erstveröffentlichung 2009 durch Wydawnictwo Literackie.

Übersetzung aus dem Polnischen:
Peter Oliver Loew

Redaktion: Hans Gregor Njemz

Bibliografische Information der Deutschen Nationalbibliothek
Die Deutsche Nationalbibliothek verzeichnet diese Publikation in der Deutschen
Nationalbibliografie; detaillierte bibliografische Daten sind im Internet
über https://dnb.de abrufbar.

Informationen zum Verlagsprogramm finden Sie unter
https://www.harrassowitz-verlag.de
© Otto Harrassowitz GmbH & Co. KG, Wiesbaden 2021
Das Werk einschließlich aller seiner Teile ist urheberrechtlich geschützt.
Jede Verwertung außerhalb der engen Grenzen des Urheberrechtsgesetzes ist
ohne Zustimmung des Verlages unzulässig und strafbar. Das gilt insbesondere
für Vervielfältigungen jeder Art, Übersetzungen, Mikroverfilmungen und
für die Einspeicherung in elektronische Systeme.
Gedruckt auf alterungsbeständigem Papier.
Umschlag: Tatjana Beimler
Druck und Verarbeitung: Memminger MedienCentrum AG
Printed in Germany

ISSN 2197-6066   ISBN 978-3-447-11622-0
eISSN 2701-8962   eISBN 978-3-447-39111-5

»Als mein Sohn in Princeton Physik studierte (...) schrieben wir uns viele Briefe. Und er beklagte sich bei seiner Mutter, dass sein Vater ihm nicht über sein Innenleben schreibe oder ihn nach seiner Stimmung frage, sondern ihm stattdessen von Galaxien, schwarzen Löchern und Raumkrümmungen berichte. Meine Frau antwortete ihm (...): ›das Innenleben Deines Vaters sind aber genau diese schwarzen Löcher und Galaxien‹.«

Stanisław Lem, *Świat na krawędzi*

Inhalt

Vorwort IX

Kapitel 1 – Die Besatzungszeit 1
Kapitel 2 – Basia 7
Kapitel 3 – Der Anfang 11
    Zakopane · Der Lem-Kanon
Kapitel 4 – Der Kampf mit den Verbrennungsfahrzeugen 23
Kapitel 5 – Reisen 31
    Jugoslawien · Russland
Kapitel 6 – Diktate 47
Kapitel 7 – Das alte Haus in Kliny 51
    Das Erdgeschoss · Die Küche · Das Obergeschoss
Kapitel 8 – Das Arbeitszimmer 63
    Die Gäste · Besuche in Vaters Arbeitszimmer
Kapitel 9 – Die Siebzigerjahre 81
    Das Gokart
Kapitel 10 – Die Volksrepublik Polen 87
Kapitel 11 – Die Gesundheit 91
    Sylt und Österreich · Das neue Haus · Die Schule ·
    Der Kriegszustand
Kapitel 12 – Weggang aus Polen 109
Kapitel 13 – Berlin 1983, Wien 1983–1988 113
    Wien · Der Dackel hoch am Himmel · AIS · Die Ma-
    turaarbeit · Stanisław Lem schaut über die Schulter ·
    Spiel- und Dokumentarfilme
Kapitel 14 – Rückkehr nach Polen 139

Quellen der Zitate 147

Vorwort

Bei der Arbeit an meinem eigenen Text habe ich gespürt, wie wunderbar stressfrei das Leben eines Übersetzers ist. Entschädigt wurde ich aber durch die Möglichkeit, Werkzeuge zu benutzen, derer ich mich normalerweise nicht bedienen kann. Der Ausdruck »Werkstatt des Übersetzers« klingt hochtrabend, doch wenn man sie sich genauer anschaut, so zeigt sich, dass es darin nicht nur Ballen mit Schmirgelpapier gibt, um sprachliche Unebenheiten abzuschleifen, und Tabellen zur Umwandlung von angelsächsischen Maßen, sondern auch Sägen, Brecheisen und Äxte. Ich habe versucht, diese martialischen Werkzeuge bei Übersetzungen nicht zu verwenden, doch war das Bewusstsein ihrer Existenz stets eine Versuchung. Nun, wo ich mich mit der Redaktion meines eigenen Textes herumplage, konnte ich endlich voller Erleichterung gnadenlos kürzen. Wenn dem Leser die folgende Geschichte also trocken oder zu knapp geschildert vorkommt, so liegt dies nicht nur am bruchstückhaften Charakter des Buches, sondern auch daran, dass ich es mir nach Jahren der Selbstbeschränkung und des asketischen Gebrauchs der Lektoratsaxt gestattet habe, alles zu entfernen, was ich für überflüssig hielt.
Während des Schreibens stand mir ein Zitat aus Jarosław Marek Rymkiewiczs ausgezeichnetem Buch *Polnische Gespräche im Sommer 1983* vor Augen, nebenbei bemerkt eines von Vaters Lieblingsbüchern, in dem sich der Verfasser selbst ermahnt: »Pack etwas Konkretes hinein, Marek«. Und so wollte auch ich es halten: Den Details möglichst viel Aufmerksamkeit schenken und komplexe Stilistik vermeiden. Deshalb mag dem Leser mein Buch belanglos erscheinen. Ich bin mir der geringen Bedeutung der beschriebenen Geschichten und Anekdoten bewusst, glaube aber, dass ihr Gesamtwert die Summe der Einzelbestandteile überwiegt.

Kapitel 1
Die Besatzungszeit

Vater wurde in Lemberg geboren, Mutter kam in einem bei Krakau gelegenen Landgut zur Welt. Vater pflegte also nicht ohne Grund zu sagen, dass sie sich ohne Hitler und Stalin nie kennengelernt hätten.
Über die Familie mütterlicherseits weiß ich recht viel, doch meine Informationen über Vaters Familie sind fragmentarisch. Sie stammen hauptsächlich von Mutter oder, was etwas paradox sein mag, aus den Interviews, die Stanisław Bereś (*Rozmowy z Lemem*, Gespräche mit Lem) und Tomasz Fiałkowski (*Świat na krawędzi*, Die Welt am Rand) mit meinem Vater geführt und als Buch veröffentlicht haben. Fragen familiengeschichtlicher Natur hielt Vater nämlich für bedeutungslos, vielleicht wollte er deshalb nicht darüber sprechen. Das ist eine der Hypothesen, die erläutern sollen, warum er es vermied, mit mir Gespräche über die Vergangenheit zu führen. Es ist auch nicht ausgeschlossen, dass ich als Teenager nicht ausreichend konsequent war, um ihn mit Fragen zu plagen, und für bare Münze hielt, was er erklärte: »Alles habe ich in *Das hohe Schloss* beschrieben, das du sicher nicht gelesen hast.« Es war ein geschickter, wenn nicht sogar gerissener Zug, die Dinge so zu drehen, denn als Teenager hatte ich fast alle seine Bücher gelesen (in welchem Maße ich sie verstanden hatte, ist eine andere Frage), und so glaubte ich, dass er tatsächlich »alles in *Das hohe Schloss* beschrieben« hatte. Mit der Zeit gewöhnte ich mich daran, dass meine jugendlichen Fragen nach dem Vater und seiner Familie von meiner Mutter beantwortet wurden.
Vaters dramatischste Erfahrungen aus der frühen Kriegszeit hängen damit zusammen, dass er unter Aufsicht der Deutschen verwesende Leichen von Häftlingen aus einem Keller tragen musste, die von den sich zurückziehenden Russen erschossen worden waren. Vater war überzeugt, dass auch er am Ende erschossen werden würde. Wie durch ein Wunder kam er mit dem Leben davon. Der Gestank, der sich in seiner Kleidung festsetzte, war so schrecklich, dass sie verbrannt werden musste. Er war knapp neunzehn Jahre alt, ein empfindsamer, etwas kindischer junger Mann. Es

Die Besatzungszeit

muss für ihn ein traumatisches Erlebnis gewesen sein, obschon sicherlich nicht das einzige, da er sich in der Zeit der deutschen Besatzung unter falschem Namen verbarg. Aus dieser Perspektive kann man das Schweigen über die Vergangenheit verstehen und darin Elemente eines Phänomens erkennen, das in der Psychologie Verdrängung genannt wird.
Trotz dieses Schweigens weiß ich aber doch ein wenig und will es hier darlegen, wobei das größte Hindernis nicht im »Fehlen von Daten« besteht, sondern in dem Bewusstsein, dass Vater jede Art von chronistisch-biographischen Annäherungen an seine Person für überflüssig hielt und tief davon überzeugt war, dass die Ereignisse aus seinem Leben eher »anekdotischen Charakter« haben. Hieraus ergibt sich die Schlussfolgerung, dass meine Bemühungen von ihm als sinnlos betrachtet worden wären.
Samuel Lem, Stanisław Lems Vater, war ein gefragter, wohlhabender Lemberger Hals-, Nasen- und Ohrenarzt, und wie meine Mutter berichtet, war er außerdem ein reizender, ein wunderbarer Mensch. Seine Frau Sabina hatte keine höhere Bildung genossen, und so ließ Samuel Lem sich zu einer bildungsmäßigen Mesalliance hinreißen – sicherlich aus Liebe: Großmutter blendete ihn durch ihre Schönheit. Im Laufe der Zeit stellte sich heraus, dass sie einen schwierigen Charakter hatte und Großvater ihretwegen viel erdulden musste. Angeblich gehörte es zu ihren Lieblingsbeschäftigungen, die Mieten von den im großväterlichen Mietshaus lebenden Parteien persönlich abzuholen, was sich eindeutig auf die ohnehin nicht allzu guten Beziehungen der Bewohner zur Hausbesitzerin auswirkte. Großvater starb, bevor ich auf die Welt kam, weshalb ich ihn nicht kennenlernen konnte, doch in den neunzehnhundertneunziger Jahren hatte ich eine seltsame Begegnung. Als ich in Kattowitz bei Freunden war, wurde ich einem betagten, aus Lemberg stammenden Hals-, Nasen- und Ohrenarzt vorgestellt. Der alte Herr schaute mich durch seine dicken Gläser an, streckte mir seine Hand entgegen und lächelte:
– Du bist dieser kleine Lem, der unter dem Tisch saß, wenn wir Bridge spielten! – sagte er mit greiser, aber vernehmlicher Stimme.
Ich musste seinen Fehler korrigieren: Nicht ich, sondern mein Vater hatte sich vor dem Krieg in Lemberg unter dem Kartentisch versteckt. Daraufhin wurde der Professor von Traurigkeit erfasst.

Im Gegensatz zu Großvater kann ich mich schemenhaft an Vaters Mutter erinnern. Ich habe sie manchmal mit meinen Eltern besucht, sie lebte in

Die Besatzungszeit

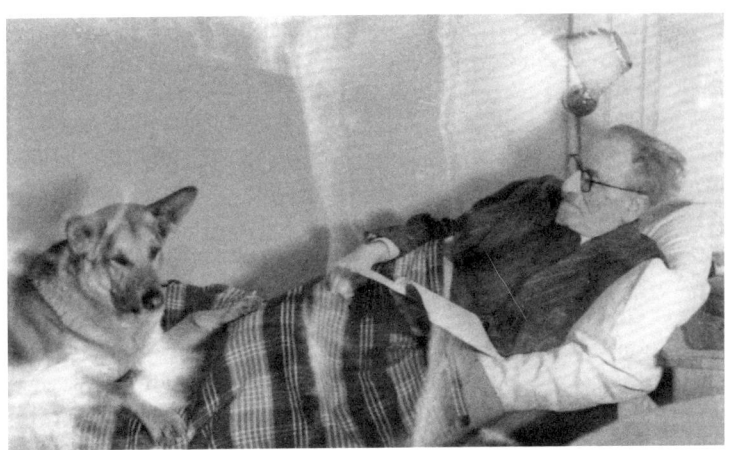

Abb. 1: Samuel Lem und der Schäferhund Radża, Krakau, 1948

Krakau in der Ulica Bonerowska. Ich war überzeugt, dass »Bonerowska« Omas Nachname war, und meine Eltern machten mich auf meinen Fehler nicht aufmerksam – vielleicht um der lieben Ruhe willen, denn als Vierjähriger hatte ich eine Zeit, in der ich die Welt mit Fragen überhäufte. Während eines Besuchs bei Oma »Bonerowska« wurde ich von ihr mit einer Hundert-Złoty-Note beschenkt, was eine unfassbare Summe war. So ein Vermögen hatte ich noch nie besessen. Oma hielt die weißrote Banknote mit dem Bildnis von Ludwik Waryński in der Hand und ließ sie so lange nicht los, bis ich versprach, dass ich sie »sicher niemandem geben« würde.

Ich nickte und versicherte ihr das feierlich, doch meine Freude über die Aussichten, einen verschwenderischen Lebenswandel führen zu können, wurde von meiner Mutter torpediert, gleich nachdem wir Omas Wohnung verlassen hatten – der Geldschein wurde konfisziert, da er für kleine Kinder nicht angemessen war.

Oma »Bonerowska« besuchten wir selten. Ich kann nicht sagen, dass Schwiegertochter und Schwiegermutter einander keine Sympathie entgegenbrachten, doch für längere Zeit hielten sie es nicht miteinander aus. Vater besuchte seine Mutter regelmäßig, aber auch ihre Beziehungen waren immer wieder angespannt. Es handelte sich nicht um inhaltliche Auseinandersetzungen, sondern um sich selbst antreibende Streitereien über

Die Besatzungszeit

Kleinigkeiten. Die Besuche bei Oma verbanden sich mit Besuchen bei Frau Ola, einer Lembergerin, die mit ihrem Sohn in derselben Wohnung lebte. Ihr Enkel Witek bekam Unterricht auf dem Kontrabass, ein Instrument, das mich durch seine Ausmaße faszinierte. Dort stand auch ein Klavier, auf dem ich avantgardistische Werke spielte, ohne mir darüber klar zu werden, dass ich meine Familie und die Nachbarn auf eine schwere Geduldsprobe stellte.

1939, unter der ersten sowjetischen Besatzung, hatte Vater in Lemberg ein Studium am Medizinischen Institut aufgenommen – anderenfalls wäre er Gefahr gelaufen, zur Roten Armee eingezogen zu werden. Nach dem Einmarsch der Deutschen, als alle Hochschulen geschlossen wurden, fand er Arbeit in einer deutschen Firma, die Rohstoffe wiederverwertete. Zu seinen Aufgaben gehörte es, auf die Schlachtfelder zu fahren und mit dem Schweißbrenner die von Geschossen geknackten Panzerleiber zu zerschneiden. Eine andere als die destruktive Nutzung des Brenners erlaubte der Chef nicht, da Vater, seinen eigenen Worten zufolge, ein sehr mäßiger Schweißer war. Das bei dieser Gelegenheit ›angesparte‹ Sprengmaterial und die Munition gab er an die polnische Widerstandsbewegung weiter. In dieser Zeit begann sein erster Roman zu entstehen – *Der Mensch vom Mars*.

Nachdem die Russen einmarschiert waren, erlebte er etwas, worauf er in Augenblicken familiärer Erinnerungen oft zurückkam und was seine spezifische Einstellung zur Realität aufzeigt. Man könnte es als ›starke Projektion‹ bezeichnen. Genau in dem Augenblick, in dem sich die feindlichen Armeen anschickten, Lemberg zu erobern, verließ Vater den Keller, in dem er sich zusammen mit den anderen Bewohnern versteckte, da er große Lust bekam, eine kalte Rote-Beete-Suppe zu trinken:

> »Genau dann ließen die Deutschen eine Panzersprengbombe fallen (die Panzer standen auf der Straße, neben unseren Häusern). Es wummste wie verrückt. In die Löcher in der Wand, anderthalb Meter von mir entfernt, konnte man seine Hand stecken. (…) Von dem Topf blieb mir nur der Henkel übrig, und auf meinem Kopf lag ein Fensterrahmen…« (*Tako rzecze… Lem*).

*

Im besetzten Lemberg stieß Vater ebenfalls direkt auf einen Panzer:

»Als es mir schien, dass Lemberg tatsächlich von der Roten Armee erobert war, beschloss ich, zu meinen Eltern zu gehen (…). Je weiter ich in die Stadt hineinkam, desto weniger Menschen traf ich (…). Doch ich ging weiter – und hörte plötzlich den charakteristischen Motor eines ›Panthers‹ und das Rasseln von Ketten auf dem Pflaster. Ich drehte mich um – und tatsächlich sah ich, wenn auch in beträchtlicher Entfernung, einen auf mich zufahrenden deutschen ›Panther‹. Natürlich wusste ich nicht, dass in dem großen Gebüsch zu meiner Linken eine sowjetische Panzerabwehrkanone versteckt war, sie war gut getarnt. Ich wollte in eine Toreinfahrt flüchten, aber alle waren verschlossen. Und so konnte ich mich nur in die Nische drücken und darauf warten, was kommen würde. Einem Panzer entkommst du nicht. Plötzlich schossen die Russen und trafen den Panzer genau zwischen Turm und Rumpf; der Turm wurde so zerdrückt, dass er den Ausstieg verhinderte. Ich hörte die schrecklichen Schreie der im Inneren verbrennenden Menschen, ich erinnere mich auch an die verblüffende Kraft der Druckwelle, als das Geschoss an mir vorbeiflog (…). Als ich einige Tage später zurückkehrte, schleppte ein Traktor genau diesen ›Panther‹ ab, der so ausgebrannt war, dass sich noch nicht einmal die Räder, über die die Ketten liefen, bewegen wollten. Aus Neugier kletterte ich auf diesen Metallklumpen, schaute hinein und erblickte die verkohlten Schädel der Deutschen. Auch an dieses Bild erinnere ich mich bis heute.« (*Tako rzecze… Lem*).

In dieser Zeit nahm er sein Studium wieder auf. Doch bald stellte sich heraus, dass Lemberg sowjetisch bleiben würde und dass alle, die die sowjetische Staatsbürgerschaft nicht annehmen wollten, umsiedeln mussten. Vater und die Großeltern fuhren mit einem der letzten Transporte aus Lemberg und ließen ihren ganzen Besitz in der Stadt zurück. Nach Polen konnten sie nur einige Kisten mit Sachen, einen Schreibtisch und wenige Bücher mitnehmen. In Lemberg blieben die beiden der Familie gehörenden Stadthäuser und Großvaters riesige polnisch-deutsch-französische medizinische Bibliothek zurück.
Nach der Ankunft in Krakau studierte Vater weiter und publizierte daneben im katholischen Tygodnik Powszechny und in der linken Kuźnica, ohne die fundamentale Verschiedenheit dieser beiden Zeitschriften zu berücksichtigen.

Kapitel 2
Basia

Meine künftigen Eltern lernten sich 1949, vielleicht auch 1950 in Krakau kennen. Das waren keine lustigen Jahre, der Stalinismus setzte allen ganz schön zu. Für das Epistemologische Kolloquium der Jagiellonen-Universität führte Vater unter Aufsicht von Doktor Mieczysław Choynowski nach amerikanischem Vorbild unter Studenten Tests durch, die als Früchte des verfaulten Imperialismus bald verboten wurden. Eines Tages wollte er Freunde besuchen. Er ging ein dunkles Treppenhaus hinauf und erblickte ein junges, hübsches (Vater hätte gesagt: gutaussehendes) Fräulein, die Medizinstudentin Barbara Leśniak.

Das, was Vater »Belagerungszustand« nannte, dauerte drei Jahre, da Barbara Stanisław Lem nicht ehelichen wollte. Eigentlich wollte sie überhaupt nicht heiraten, und der neun Jahre ältere Anwärter schüchterte sie durch sein unkonventionelles Verhalten, vor allem aber durch seinen Intellekt ein. Sie meinte, dass Staszek sie diesbezüglich, ohne sich darüber im Klaren zu sein, enorm übertreffe. Diese Jahre waren reich an Ereignissen, die für eine Zeit des Flirtens ganz untypisch waren. So besuchte der Verlobte einmal mit seiner Auserwählten ein klassisches Konzert, nur um schon bei den ersten Klängen einzuschlafen. Barbara war nicht mutig genug, um ihren künftigen Gatten zu piksen, was später manchmal vorkam. Aber selbst diskrete Versuche, ihm etwas mitzuteilen und ihm zumindest einen minimalen Respekt für die Konventionen einzuimpfen, endeten nicht immer gut. Aus meiner Kindheit, also aus einer Zeit, in der Mutter schon seit mehr als einem Jahrzehnt bemüht war, die Prinzipien des Savoir-vivre durchzusetzen, erinnere ich mich an ein feierliches Abendessen, bei dem die vornehmsten Persönlichkeiten der polnischen Literatur erschienen, unter anderen Wisława Szymborska und Ewa Lipska. Plötzlich zeigte Vater auf einen Teller mit Plätzchen der Firma Cracovia, einer der wenigen Krakauer Konditoreien, deren Erzeugnisse man damals anbieten konnte, ohne sich um das Wohlergehen der Gäste Gedanken machen zu müssen, und sprach:

– Ich glaube, wir hätten Zettel mit Preisen an diese Plätzchen heften sollen, damit Sie sehen können, wie sehr wir uns dafür verausgabt haben! – Danach wandte er sich zu seiner Frau und fügte im selben höflichen, unschuldigen Ton, wenn auch leicht vorwurfsvoll hinzu: – Basia, warum trittst du mich unter dem Tisch?
Untypisch waren auch die Treffen der Verlobten in den Krakauer Cafés. Barbara fand Staszek in der Regel in eine Zeitung vertieft vor. Bei ihrem Anblick faltete er sie zusammen, stellte mit lautem Klirren die Tasse auf den Unterteller und fragte mit ungeduldiger Stimme:
– Gehen wir?!

Eines Tages, viele Jahre nach der Hochzeit, während eines feierlichen Essens zum Namenstag, begann Vater seiner Frau geheimnisvolle Zeichen zu machen. Er streckte die Hand zu ihr aus, spreizte die Finger und sagte mit szenischem Flüstern immer wieder:
– Scha, Basia, Scha.
Das ging so eine Zeitlang. Mutter hatte zwar schon viele ähnlich überraschende Situationen erlebt, erstarrte aber vor Schreck.
Nach einer Weile klärte sich alles auf. Ihr Mann wollte sie auf seine ganz eigene Weise diskret und taktvoll daran erinnern, dass er ihr an diesem Tag ein Parfum der Marke Chanel N° 5 geschenkt hatte. Und er wunderte sich maßlos, warum sie sich nicht denken konnte, dass »Scha« Chanel bedeutet und die gespreizten Finger die Ziffer 5.

Ähnlich untypisch wie der Verlobte waren auch die mit der Brautwerbung zusammenhängenden Maßnahmen. Eines Tages erhielt Barbara durch einen Boten eine Torte. Keine Blumen mit einem Brief oder einer Karte, sondern eine Torte. Anfangs wollte sie sie nicht entgegennehmen, weil sie nicht wusste, wer der Spender war, und als sie es dann herausfand, wollte sie sie auch nicht haben. Sie war sich nicht bewusst, dass eine Torte als Geschenk ein Ausdruck höchster Bewunderung war, ein aus Glasur, Zucker, Teig und Crème bestehendes Opfer.

Ich will versuchen, das Wesen dieses Vorgehens zu erklären. Ich war vielleicht sechs Jahre alt, als ich in Vaters Garage zwischen Schmirgelpapier, Zangen, einem Schleifgerät mit Kurbel und Schraubenziehern auf eine kleine Papiertüte stieß. Darin befand sich etwas Längliches, Dunkelbrau-

Abb. 2: Selbstporträt, 1950   *Abb. 3: Energisches Scheibenwaschen, 1962*

nes, das an einen Regenwurm erinnerte. Sofort rannte ich mit dem Fund zu Vater, der die Scheiben seines Fiat 125p mit dem Mittel Autovidol und einer volkspolnischen Damenbinde reinigte, die aus Gründen der Sittlichkeit und Moral »Windel« genannt wurde. Mit der Tüte in der Hand fragte ich, was darin sei. Wir schrieben die Siebzigerjahre, das Ende der *prosperity* unter Gierek, nur noch wenige Jahre, und es würden Karten für Zucker und dann für fast alles eingeführt werden. Doch das Angebot des Ladens in der Siedlung war ärmlich, und so kannte ich auf dem Gebiet der Süßigkeiten außer den berühmten »Marzipanbrötchen«, die zweifellos aus dem Westen stammten, hauptsächlich Limonadenpulver, das man nicht in Wasser auflöste, sondern auf die Handfläche schüttete und ableckte, das man also nicht abbeißen konnte, süße bräunliche Bonbons mit einem Loch in der Mitte in runden gelben Schachteln sowie die Juhas-Riegel, deren Namen wir Jungs in späteren Jahren bewusst verballhornten.[1]

---

1 Wenn man J und H vertauscht, ergibt sich aus diesem Wort ein sehr unanständiger Begriff. [Anm. d. Übers.]

Vater stellte das Abwischen der Scheibe ein, auf der Hunderte kleiner weißer Fusseln der »Windel« zurückblieben, und zog die Augenbrauen kraus. Er zögerte.
– Orangenschalen in Schokolade – entgegnete er lakonisch. – Du kannst eine essen – fügte er nach einer Weile hinzu. Er bot mir eine an und stärkte sich mit dem Inhalt der Tüte, so dass nichts darin übrig blieb.
Nie zuvor hatte ich etwas ebenso Leckeres und zugleich Exotisches gegessen, auch später nicht, da die Garagenquelle für Orangenschalen in Schokolade unter geheimnisvollen Umständen austrocknete, obwohl ich die Umgebung der Schleifmaschine noch einige Male durchsuchte.
Als Mitte der Achtzigerjahre das neue Haus der Eltern schon fertig war und wir uns zum Umzug anschicken mussten, rückte Mutters Neffe Michał, der neue Eigentümer unseres alten Hauses, die Regale von den Wänden, auf denen bis vor Kurzem Tausende von Büchern gestanden hatten. Hinter den Regalen hörte man etwas fallen, was schließlich auf dem Fußboden einen imponierenden Haufen bildete. Michał stellte verwundert fest, dass es Bonbonpapiere waren. Im Laufe von zwanzig Jahren hatte sich die Lücke zwischen den Regalrückwänden und der Zimmerwand bis zur Decke mit Silberpapier angefüllt.
Doch am wunderbarsten von allem war das Halwa, wobei auch eine wichtige Rolle spielte, WELCHES Halwa es war. Selbst Menschen, die sich mit Wein oder französischem Käse auskannten, konnte Vater mit seinem raffinierten Geschmackssinn in Verwunderung stürzen. Als er im fortgeschrittenen Alter an Diabetes erkrankte, pflegte er zu sagen, dass ein Selbstmord, der darin bestünde, sich mit einer Fünfkilopackung mit türkischem Halwa im Arbeitszimmer einzuschließen, gar nicht der schlechteste Gedanke wäre.
Angesichts all dessen präsentiert sich die Brautwerbung mittels einer Torte in einem ganz anderen Licht, was das Fräulein Leśniak natürlich nicht wissen konnte. Später hatte sie mehr als nur eine Gelegenheit, die Versessenheit ihres Mannes für jegliche Süßigkeiten bestens kennenzulernen, und sie verlieh ihm sogar den etwas bissigen, wiewohl ehrbaren Titel eines »Betreuers der Süßigkeiten«. Zum Glück für mein Auf-die-Welt-Kommen verschreckte die Torte sie nicht so sehr, dass sie den Kontakt mit ihrem künftigen Gemahl ganz abbrach, obwohl sich den familiären Erzählungen entnehmen ließ, dass es aus irgendeinem Grund zum Abbruch oder zumindest zur vorübergehenden Einstellung der Kontakte kam (nicht unbedingt wegen der Torte), und das für viele Monate.

Kapitel 3
Der Anfang

Meine Eltern heirateten 1953 und wohnten anfangs in Krakau in der Ulica Bonerowska, zusammen mit der Familie von Frau Ola, einer befreundeten Frau aus Lemberg. Der Tod von Mutters Vater, der ein (damals bereits verstaatlichtes) Landgut in Schlesien verwaltete, führte dazu, dass es notwendig wurde, ihre Mutter aus Beuthen nach Krakau zu bringen. Das war nicht einfach, Krakau war eine geschlossene Stadt, ohne Arbeit konnte von einer Anmeldung keine Rede sein, und ohne Anmeldung gab es keine Arbeit – das reine Absurdistan. Es gelang, das Problem durch den Beitritt zu einer Wohnungsbaugenossenschaft zu lösen, die am Rand von Krakau mitten im Nichts ein gutes Dutzend Einfamilienhäuser gebaut hatte. Die Häuschen wurden den künftigen Bewohnern als Rohbau übergeben. Alle hatten schon Bewohner, mit einer Ausnahme. Dieses eine war deshalb übriggeblieben, weil es am tiefsten lag und das Wasser der umliegenden Felder und Wiesen nur zu gerne in den Keller eindrang, wo es ein stattliches Gewässer geschaffen hatte. Bekannte, die sich auskannten, rieten davon ab, ein Haus zu kaufen, das so weit von der Stadt und der nächsten Autobushaltestelle entfernt war, keine Kanalisation, keinen Gasanschluss und keine asphaltierte Zufahrtsstraße besaß, und das nach aller Wahrscheinlichkeit innerhalb weniger Jahre verfaulen und auseinanderfallen würde. Mutter musste ganz besonders gegen Vaters Veto ankämpfen. Er erklärte, dass er um keinen Preis der Welt aus der Stadt aufs Land ziehen wolle.

Doch offensichtlich gelang es, seine Einwände irgendwie zu überwinden, und der Verkauf von Omas Schmuck zusammen mit den Einkünften für die ersten Buchveröffentlichungen ermöglichte es, 1958 die erste Rate für das Haus einzuzahlen. Mit Hilfe eines Vetters unternahm Mutter heldenhafte Anstrengungen, um das verschimmelte Haus mit vollgelaufenem Keller zu einer Heimstatt umzuwandeln, in der Vaters bekann-

Der Anfang

Abb. 4: Mit den Hunden Dick und Pegaz in Kliny, 1960

teste Werke entstehen sollten. Am 15. April 1958 schrieb Vater an Aleksander Ścibor-Rylski[1]:

> »Das Wasser hat in der letzten Zeit wie ein Geysir den Keller sowie die Garage überschwemmt. Genauere Untersuchungen haben ergeben, dass es sich um ein verborgenes, gerade einmal 30 Zentimeter tiefes Bassin aus Grundwasser handelt, das aus dem Fehlen eines Abflusses für das unter der Oberfläche befindliche Wasser herrührt, sowie daraus, dass die Baugenossenschaft die elementarsten Bauvorschriften in Bezug auf die Isolierung der Fundamente, die Drainage des Bodens, die geologische Erkundung usw. missachtet hat (…). Eine gewisse Menge Wasser geruhte immer wieder zurückzukehren und strömte, leise und beruhigend blubbernd, aus der Quelle, die sich im Keller gebildet hatte.
> Gegenwärtig holen wir unter Aufwendung von Kosten Gutachter herbei, die erklären, dass das Häuschen auseinanderfallen wird, zumindest müsste, oder aber vom Schimmelpilz verzehrt wird, der aus

---

1 Aleksander Ścibor-Rylski (1928–1983) – polnischer Schriftsteller und Drehbuchautor [Anm. d. Übers.].

Der Anfang

Abb. 5: Mit Kuchen aus der Konditorei des Hotels Cracovia, 1971

den im tiefen Wasser stehenden Fundamenten, mein lieber Freund, wie ein Palmwedel in die Höhe schießt. Sie raten dazu, das Häuschen abzustoßen – aber niemand will es haben – und eine Genossenschaftswohnung zu kaufen, aber dafür haben wir kein Geld.«

Vater zögerte den Umzug lange hinaus und gab erst auf, als ihm die Autorenhonorare erlaubten, ein erstes Auto zu kaufen, das es ihm ermöglichte, regelmäßig die Redaktion des TYGODNIK POWSZECHNY[2*] zu besuchen, die Krakauer Lebensmittelgeschäfte nach Nahrungsmitteln zu durchkämmen, aus denen sich ein Mittagessen kochen ließ, den Sitz des Verlags Wydawnictwo Literackie aufzusuchen oder, last but not least, die Konditorei im Hotel Cracovia, deren sozialistisches Klima bei Vater Abscheu hervorrief (und sicher wäre er dort nicht verkehrt, hätte es dort nicht diesen Kuchen gegeben):

---

2 * In Parenthese gesagt: Ich wundere mich, dass es noch nicht zur Mode geworden ist, die Stenogramme der geheimdienstlichen Abhörmaßnahmen in der VR Polen zu veröffentlichen, solche Aufnahmen aus der Redaktion des TYGODNIK POWSZECHNY könnten nicht nur für Historiker eine lehrreiche Lektüre abgeben.

Der Anfang

»Wie auch immer, die Komplexe sind ungeheuerlich. Zum Kaffee im Hotel Cracovia (Błonia, Du hast es wohl noch nicht gesehen[3]: ziemlich anständig, in einem wahrhaft mitteleuropäischen Maßstab) fährt man sogar mit der Syrenka[4], man lässt an der Rückscheibe z. B. einen Hemdkarton von PeKaO[5] mit der goldenen Aufschrift HOOKWAYS liegen, allenfalls einen Tiger oder die PARIS MATCH, und wenn jemand mit dem Wartburg seine Tante und seine Biene herbringt, fährt er im Kriechgang vor die Hotellobby, springt heraus, Hosen, weißes Hemd, Schlips, öffnet alle Türen des Autos, läuft darum herum, bringt dann das Auto mit dem HOOKWAYS-Hemdenkarton zum Parkplatz, und alles nur deshalb, um für 3,50 Złoty das Stück einen kleinen Kaffee zu trinken. So ein allgemeines Scharwenzeln und Einschleimen.« (*Brief an Sławomir Mrożek, Mai 1967*)

Zakopane

Obwohl Vater in seiner Jugend Tennis gespielt hatte, legte er auf sportliche Betätigung keinen größeren Wert. Er war jedoch ein leidenschaftlicher Skifahrer – zumindest bis ihm gegen Ende der Sechzigerjahre der Kardiologe von körperlicher Anstrengung abriet und er ihm Folge leistete – nicht ausgeschlossen, dass dies voreilig geschah. Es ist eigentlich merkwürdig, dass er sich ohne größere Proteste mit der Entscheidung abfand, das Skifahren sein zu lassen, weil er es sehr gemocht hatte, und da ihn die tiefe Überzeugung, dass er alles »besser weiß«, nicht nur in medizinischen Dingen, sondern fast in jedem Bereich begleitete.
Ehe jedoch der endgültige Abschied von den Skiern erfolgte, reiste er mindestens ein Jahrzehnt lang jeden Winter nach Zakopane und fuhr zusammen mit Basia vom Kasprowy Wierch hinunter.

»Ich bin Dir, du Dickwanst, gewisse Informationen über meine Abfahrtsklasse schuldig. Nun denn, ich will bescheiden erklären: Es

---

3 Der Schriftsteller Sławomir Mrożek hatte Polen 1963 verlassen und kam erst 1996 zurück (Anm. d. Übers.).
4 Syrenka – Kleinwagen aus polnischer Produktion, der zwischen 1957 und 1983 gebaut wurde (Anm. d. Übers.).
5 Die staatliche Bank PeKaO betrieb eine Reihe von Geschäften, in denen man gegen Devisen westliche Waren kaufen konnte (später als PEWEX bekannt geworden) (Anm. d. Übers.).

Der Anfang

Abb. 6: Barbara und Stanisław Lem in den Bergen bei Zakopane, um 1960

geht bergab. Seit ich das Doryczkowa-Tal entdeckt habe, und seit den ersten Ängsten am Rande der großen, vom Schnee bedeckten Felsen ist so viel Zeit vergangen, dass ich diese Zeit so betrachte wie ein Akrobat das erste Bild von sich (als Säugling, mit dem Popo in die Höhe) – als ich noch nicht laufen konnte (…). Mit welcher Rührung habe ich mir die Gubałówka angeschaut, die Abfahrt über die kleine Brücke und diesen kleinen Hubbel von Antałówka, der vor nicht so langer Zeit noch ein Problem darstellte.« (*Aus einem Brief an Jerzy Wróblewski, 19. März, wahrscheinlich 1958*)

Auf alten verblichenen Acht-Millimeter-Schwarz-Weiß-Filmen sind graue Gestalten vor weißem Hintergrund zu sehen. Neben Herrn und Frau Lem erscheint hier auch die Figur von Aleksander Ścibor-Rylski, dem späteren Drehbuchautor von *Mann aus Marmor* und *Mann aus Eisen*), der liebevoll »Ściborek« gerufen wurde. Leider sind die Gesichter der Gestalten inmitten des grenzenlosen Weiß des Schnees fast nicht zu erkennen – im Gegensatz zu den Fotos, die Jeremi Przybora im zweiten Band seiner *Memoiren* abgedruckt hat. Hier ist Vater hervorragend zu sehen, in Gesellschaft von Robert Stiller, Andrzej Wirth und Alicja Wirth (später Przybora).

Der Anfang

Abb. 7: Barbara Lem in der Bergsonne der Tatra, 1959

Przybora schreibt:

> »Von den polnischen Größen dieser Zeit erinnert sich Alicja besonders gerne an Stanisław Lem, mit dem sie bei den winterlichen Skifahrten nach Zakopane Bekanntschaft schloss. Wie es sich für die Frau eines Literaten ziemte, stieg sie mit ihrem Mann im Literatenhaus ›Astoria‹ ab, in dem sich auch Lem aufhielt. Er bezauberte mit seiner Bescheidenheit und seinem direkten, heiteren Wesen, obwohl er schon am Beginn seines großen Weltruhms stand. Alicja erinnert sich zum Beispiel daran, wie er aus dem ›Astoria‹ die Kasse der Seilbahn in Kuźnica anrief und sagte: – Hier ist das Literatenhaus ›Astoria‹. Wir schicken einen Boten zu Ihnen, um Platzkarten für eine Gruppe von Schriftstellern zu holen. Danach brauste er selbst als ›Bote‹ nach Kuźnica, um es sich und einigen befreundeten Personen zu ersparen, in der Schlange vor der Kasse zu stehen, stets von der Unsicherheit geplagt, ob die Karten nicht vielleicht ausgehen würden.« (*Jeremi Przybora: Przymknięte oko Opatrzności, memuarów część II*)

Der Anfang

Abb. 8: Vorbereitung auf eine Abfahrt, 1959

Während einer der Schussabfahrten vom Kasprowy Wierch kam Vater in einer Kurve von der Strecke ab, drehte einige Purzelbäume über einer malerischen Fichtengruppe und landete in einer Schneewehe, die glücklicherweise den Sturz abfederte. Leider hatte beim Flug oder vielleicht auch beim Landen die Hose gelitten und war im Schritt fast auf ganzer Länge der Naht aufgeplatzt. Vorrang hatte natürlich die nächste Abfahrt, für die Vater schon eine Karte besaß, oder besser gesagt: ergattert hatte, denn um damals vom Kasprowy Wierch abfahren zu können, musste man sich um fünf Uhr morgens an der Kasse anstellen oder auf die von Jeremi Przybora beschriebene Methode zurückgreifen. Vater fand mit Basias Hilfe eine passende Góralenhütte, und dort, auf den Knien, wurden die Hosen des »Literaten Lem« (wie ihn die Seilbahnarbeiter nannten) genäht. Und Vater konnte noch glücklich von seiner Karte Gebrauch machen, diesmal ohne besondere Vorkommnisse, weshalb seine Reisegefährten auf dem Gipfel nicht nur die Gelegenheit hatten, sich mit den Details des Abenteuers vertraut zu machen – da Vater in der Seilbahn laut und mit Einzelheiten über alles berichtete –, sondern in der Warteschlange zur Seilbahn zog er allen eins über, denn Vater mit den geschulterten Skiern war als Person

Der Anfang

mit unruhigem Geist und lebhaftem Temperament für seine Umgebung immer wieder gefährlich.

Als 1953 die Kunde von Stalins Tod um sich griff, war Vater gerade in Zakopane und mit einer Platzkarte in der Tasche auf dem Weg zum Kasprowy Wierch. Unter den Literaten entbrannte ein Streit darüber, ob man angesichts solch dramatischer Umstände überhaupt Ski fahren dürfe. Vater beschloss, diese Skigespräche im Ansatz zu unterdrücken:
– Das ist wohl eine Provokation. Die Sonne stirbt nicht – sagte er. Dann fuhr er nach Kuźnica.

Im Winter bot Zakopane Skifreuden, es war jedoch vor allem ein Ort intensiver Arbeit. Im »Astoria« entstanden – ganz oder in Teilen – seine berühmtesten Bücher.

> »Ich grüße Sie aus diesem unglaublichen Zakopane, wo es 3 bis 6 Mal am Tag gießt, es ist saukalt, in der Nacht ist es entweder eisig oder es donnert, denn es gibt Gewitter, und überhaupt Menschenmassen, die Saison ist fast auf dem Höhepunkt, und man könnte verrückt werden.« (*Aus einem Brief an Daniel Mróz, den großartigen Illustrator der »Kyberiade«, Juni 1971*)

Die frühlingshaften Juniausflüge nach Zakopane hatten zweierlei Ursachen. Das »Astoria« bot größte Ruhe, die für das Schreiben unabdinglich war, vor allem aber handelte es sich um den Heuschnupfen, der Vater arg zusetzte, und gegen den die damaligen Arzneien nicht halfen. Da die Gräser, gegen die er allergisch war, ihn am stärksten im Juni plagten, fuhr er für eine Zeit aus Krakau dorthin, wo der Frühling später eintraf.

Der Lem-Kanon

> »Was tue ich jetzt? Ich mache etwas ziemlich Lächerliches, Doofes: Ich suche Schätze. Aber so, dass ich aus der Leihbücherei ziemlich alte Bücher mitnehme, Sachen von Gawalewicz, Gruszecki und so, von denen Du vielleicht noch nie gehört hast, denn außer Literaturhistorikern dürfte kaum jemand diese Namen kennen.
> Ich lese also diese alten, leicht vergilbten Bücher, Romanzen usw. und muss tatsächlich und aufrichtig eingestehen, dass ich bislang keine Schätze gefunden habe, noch nicht einmal Spuren davon, son-

dern nur unseligen Schund, der in seiner Biederkeit und Einfachheit schrecklich langweilig ist, und ich weiß nicht, ob mir die Kräfte noch lange ausreichen, um diesen Friedhof noch länger mit meinen nekrophilen Trieben zu missbrauchen – denn das ist eine Art von Nekrophilie, fürwahr! Aber eines, was Du auch so gewiss bemerkt hättest, nämlich mein Stil hat sich von diesem Trödelkram durchtränkt, hat sich ein wenig nach der Art des 19. Jahrhunderts gewandelt, hat eine Patina heimischer, elendiglicher Herkunft erhalten. Ich lese nun unsere schöpferische Presse nicht mehr, und wie wunderlich, ihr Fehlen nehme ich überhaupt nicht wahr, und ich erkenne in mir und auf mir auch keine wesentlichen Löcher in meinem Bewusstsein, die aus einer solchen gemeinen Ignoranz hätten entstehen können. Ich schreibe auch, d. h. ich mahle meine Raketen zwischen Mühlsteinen, einfach so, aus Pflichtgefühl, nicht ohne Langeweile, und habe weiter keine Freude, was ich übrigens schlecht ausgedrückt habe, denn dieses Schreiben, das eine Tagelöhnerei ist, lässt sich nie und nimmer Unterhaltung nennen.« (*Aus einem Brief an Sławomir Mrożek, 24. November 1964*).

Der Zeitraum zwischen dem Tauwetter nach Stalins Tod und der antisemitischen Kampagne von 1968 war für Vater ungemein fruchtbar. Die Notwendigkeit, Polen zu verlassen, verspürte er noch nicht brennend genug, um diese Absicht umzusetzen, dazu kam es erst nach Verhängung des Kriegsrechts 1981. In der Zeit der »kleinen Stabilisierung« der Sechziger- und Siebzigerjahre entstanden viele Bücher, die zum Lem-Kanon gezählt werden, sie waren ausgereift und lösten sich mit einigen Ausnahmen von der klassischen Science-Fiction-Literatur (die im späteren Buch *Phantastik und Futurologie* kritisiert und deren schablonenhafter Charakter in dem der *Phantastik* beigefügten Text *Der kleine Computer für SF-Thriller* verspottet wird). Das Schreiben ging mit Entbehrungen einher, vor allem aber mit dem Bedürfnis nach größter Ruhe:

> »Ich rauche. Ich schreibe wie verrückt. 30 Seiten abgehakt, hüh hott, weiter. Weiter, na wird's schon, weiter!! Die Erzählung legt es darauf an und trägt mich weiter. Ich habe einen Vorschlag bekommen: Für 6 Monate in die Vereinigten Staaten reisen. Das ist dieser Kissinger, der 59 auch Mrożek rübergebracht hat. Ich habe abge-

Der Anfang

lehnt. Es gab hier, niemand wollte es, ein Stipendium für 6 Monate. Nach Kanada. Ich habe wieder abgelehnt. Es gibt eine Einladung zu einer Premierengala, Blumen, nackte deutsche Frauen en gros (ein großes Dutzend: 144 Stück) – Champagner, Ausschweifungen, Westberlin, ein neuer Wartburg, Devisen, zum Verrücktwerden, nervöses Glücksschlucken. Ich habe abgelehnt.
UFF!!!!!!!! Verstehst Du mich denn, du brüderliches Ścibor-, Rückzugs- und Einzelgänger-, asketisch-vergeistigtes Wesen!!!!??
Diese Ruhe!« (*Aus einem Brief an Aleksander* Ścibor-Rylski, 1960)

Das erste kanonische Lem-Buch war das 1958 geschriebene *Eden* – eine Erzählung über eine versklavte Zivilisation, deren Sprache so verzerrt ist, dass alle Begriffe aus ihr entfernt wurden, die eine objektive Beschreibung der Wirklichkeit ermöglichen würden. Später, eigentlich jedes Jahr, kamen neue Romane: 1959 *Die Untersuchung*, ein Kriminalroman, aber mit veränderter Konvention, denn die – wenn auch mehrdeutige – Antwort auf das Rätsel »Wer hat getötet?« gibt hier die von Vater so geliebte Wissenschaft, in diesem Fall die Statistik.[6*] Ein Jahr später entstand *Memoiren, gefunden in der Badewanne*, durch Gombrowicz gepresster Kafka und ein groteskes Porträt des Totalitarismus, 1961 erschien *Solaris* (das man wohl nicht zusammenfassen muss) sowie *Transfer* – die Vision einer Zukunftsgesellschaft, in der die Menschen nach der Geburt von ihren bösen tierischen Instinkten »kastriert« werden. (Zu diesem Einfall kehrte Vater in komplexerer Form wieder in den Achtzigerjahren zurück, in *Lokaltermin*, wobei diesmal der Natur diese Kontrollmechanismen auf molekularer Ebene »eingeimpft« werden, wodurch sie so grundlegend werden wie die Gesetze der Physik). Drei Jahre später entstanden die *Robotermärchen* sowie der zur sog. »harten« SF gehörende *Unbesiegbare*, aber auch seine Erörterungen zur Zukunft der Zivilisation – *Summa technologiae*. 1965 folgte auch *Kyberiade*, ein Werk, das Vater als seine größte Leistung ansah und das solche Perlen wie *Von den Drachen der Wahrscheinlichkeit* enthält.[7*] Von Mutter gefragt, sagte Vater einmal, dass die *Kyberiade* jenes

---

6 * Wegen dieses Werks habe ich in der Grundschule ganz schön gelitten, denn die Klassenkameraden meldeten durch meine Vermittlung bei Vater Vorbehalte formaler Natur an. Im Grunde hatten sie Recht – *Die Untersuchung* ist kein Kriminalroman.
7 * Die *Drachen*, ein Werk, in dem es zu Beginn heißt, dass es Drachen bekanntlich nicht

Der Anfang

Abb. 9: In der Tatra, 1949

Buch wäre, das er wählen würde, wenn nur eines seiner Bücher im kollektiven Gedächtnis bleiben könne.

1966 entstand das autobiographische Buch *Das hohe Schloss* und 1968 mein Lieblingsbuch *Die Stimme des Herrn*. Das zufällig entdeckte Neutrino-Signal »von den Sternen« wird zum Vorwand, um fundamentale Fragen zu stellen und die Welt der irdischen Wissenschaften von innen her zu erklären, so als wäre der Erzähler tatsächlich ein amerikanischer Physiker und nicht ein bei Krakau halb auf dem Land lebender Lemberger Absolvent eines Medizinstudiums.

gibt, ist bei Vertretern der Naturwissenschaften höchst beliebt, vor allem bei Quantenphysikern.

Kapitel 4
Der Kampf mit den Verbrennungsfahrzeugen

»Ich erinnere mich an einen Ausflug, der mit einer Katastrophe endete. Es war zu Beginn des Frühjahrs, wir fuhren zusammen mit Jan Józef Szczepański, der dort einen handgeschnitzten Kerzenleuchter abholen sollte, nach Dębno. In Krakau fiel Regen, der sich, je näher wir den Bergen kamen, in immer dichter fallenden Schnee verwandelte. Bei Rdzawka, als ich die Serpentinen hinunterfuhr, sah ich plötzlich einen querstehenden Lastwagen. Ich hatte die Wahl – entweder auf ihn prallen oder auf eine wundersame Rettung hoffen. Mit dem mir eigenen kühlen Kopf lenkte ich das Auto in den Graben, in dem es zu unserem Glück viel Schnee gab. Unser Wagen klemmte zwischen den Seitenböschungen fest, und es konnte keine Rede davon sein, ihn zu bewegen. Basia hatte ein blaues Auge, aber niemandem war etwas geschehen. Ein Überlandbus hielt bei uns an, und die herzensguten Passagiere zogen uns zusammen mit dem Auto heraus und stellten uns auf die Straße. Aufgrund des Aufpralls war vorne das Auspuffrohr zusammengedrückt worden, und die Hupe hatte einen Rappel bekommen, so dass das Auto pausenlos hupte. So hupend trafen wir in Nowy Targ ein, wo es mir gelang, eine Kette zu erstehen, mit der man Kühe an den Trog bindet, ich legte sie um die Reifen, und so ›bewaffnet‹ gelangten wir bis nach Krakau.« (*Ausschnitt aus einem Interview mit Ewa Lipska*)

An der Wende zu den Sechzigerjahren motorisierte sich die Familie Lem, da damals ein Teil der mehr als zehn Kilometer, die das Haus vom Stadtzentrum trennten, zu Fuß zurückgelegt werden musste, was besonders im Winter lästig war.
Vaters erstes Auto war ein Papp-Erzeugnis aus der DDR, das P-70 hieß, Abkömmling eines DKW und Vorläufer des Trabants. Genau mit diesem Fahrzeug landete Vater in Rzdawka im Graben.

Der Kampf mit den Verbrennungsfahrzeugen

Abb. 10: Am Dunajec, 1960

Anfangs hatten weder Mutter noch Vater einen Führerschein, weshalb ein befreundeter Fahrer das Auto nach Hause brachte. Abends schlossen sich meine künftigen Eltern in ihm ein und genossen den Duft der DDR-Plaste, und Mutter schimpfte Vater aus, als dieser sich nicht zurückhalten konnte und die Funktionen der Drehknöpfe und Schalter ausprobierte, die die Hupe, die Scheibenwischer und die Abschaltung des Freilaufrads betätigten.

Vater erwies sich als ein temperamentvoller Fahrer. Das zeigte sich darin, dass er, wenn er auf einen Berg fuhr, zum Beispiel auf den Obidowa, alle unterwegs eingeholten Autos überholen musste. Das war keine einfache Aufgabe, wenn die Konkurrenz über Wartburgs und Škodas verfügte, und so musste der P-70 zu größter Anstrengung gezwungen werden. Das führte zu diversen Pannen. Zum eisernen Repertoire einer Reise mit Vater gehörte es, dass das Kühlerwasser zu kochen begann. Mutter wurde in solchen Fällen ausgeschickt, um Wasser zu suchen, das sie von hilfsbereiten Menschen in einer Milchkanne mitbrachte. Bei diesen Zwischenfällen wurde das in Dampfwolken eingehüllte Fahrzeug mit Vater hinter dem Lenkrad oder am Motor arbeitend von allen zuvor überholten Autos passiert.

Der Kampf mit den Verbrennungsfahrzeugen

Abb. 11, 12: Mühen mit dem ersten Wartburg, 1962

»Ich habe mir keinen Volvo gekauft«, schrieb er im September 1975 an Ścibor-Rylski, »denn einmal, als ich beim Hotel Cracovia an der Ampel losfuhr, gleichzeitig mit einem Opa in so einem Volvo, drückte ich irgendwie durch, der Fiat (meiner von damals) preschte los, und ich vollführte einen Start, obwohl dieser Opa, deutlich bleich geworden, alles aus dem Volvo herausholte – was, dachte ich, sollte ich für einen Haufen Geld eine Menge sehr schweren Stahl erwerben, die Dir zwar im Fall einer Katastrophe das Leben rettet, aber im Alltag hinter polnischen Fiats zurückbleibt? Das wirst Du nicht erleben!«

Sicherheit beim Überholvorgang hatte keine Priorität.
Viel später, in den Achtzigerjahren, fuhr ich meine Eltern, die Straße war glatt, es fiel Schnee. Wir fuhren hinter einem Lastwagen her, der sich voranschleppte. Vater wurde immer ungeduldiger, mehrmals sagte er ermunternd: »Na los, Tomasz!« Ich erklärte, dass ich den Lastwagen nicht

überholen könne, da es schneie, wir uns einer scharfen Kurve näherten und nicht zu sehen war, ob uns ein Auto entgegenkomme.
– Ich wundere mich – sagte Vater. – Ich in deinem Alter bin ganz einfach *davon ausgegangen*, dass uns nichts entgegenkommt. – Er schwieg eine Weile und ergänzte dann zufrieden: – Und weißt du was? Ich hatte Recht.

Vaters Fahrstil stellte Mutter vor eine große Geduldsprobe. Eine Zeitlang versuchte sie sogar selbst zu fahren. Vater erteilte ihr beim Fahren jedoch eine Menge erhellender Ratschläge, weshalb sich Mutter erst in den Siebzigerjahren so richtig hinter das Lenkrad setzte, als sie ein eigenes Auto hatte. Damals kaufte Vater eines Tages bei Polmozbyt, einem Geschäft für Fahrzeugzubehör, ein Rücklicht für ihren Fiat. Auf die Frage »wozu?« erklärte er, dass das jetzige jederzeit bersten oder kaputtgehen könne, und dann käme das Ersatzlicht gut gelegen.
– Doch warum gerade ein linkes Rücklicht? – fragte Mutter.
– Rechte hat es nicht gegeben. Aber vielleicht werden wir gerade ein linkes brauchen? – erläuterte Vater.
Gefahren tauchten allerdings nicht nur auf, wenn Vater am Steuer oder auf dem Beifahrersitz saß. Eine atemberaubende Geschichte ereignete sich nämlich auch, als er sich gar nicht in seinem Wagen befand:

> »Die Garage war sehr steil, man fuhr nach unten, in den Keller, nun ja, und eines Tages habe ich leider die Handbremse nicht angezogen. Als ich ausstieg, um das Garagentor aufzumachen, begann das Auto loszurollen. Meine Frau behauptet, dass sie einen lauten Schrei ›Basiaaaa!‹ gehört und mich gesehen habe, wie ich neben dem Auto herunterrannte, mit der Hand auf der Türklinke, da ich versucht haben soll, hineinzuspringen. Dann war ein gewaltiger Lärm zu hören.« (*Auszug aus einem Interview mit Ewa Lipska*)

Vater geschah nichts, und das Auto blieb am halbgeöffneten Garagentor hängen. Die Reparatur war kompliziert, das Auto besaß einen Holzrahmen und eine Karosserie aus Kunststoff, die mühsam geklebt werden musste. Nach einiger Zeit wiederholte sich die Geschichte:

> »Durch meine Zerstreuung hatte ich nur einen Flügel des Garagentores geöffnet, war in den Wartburg gestiegen und zusammen mit dem Tor in die Garage gefahren. Aber das war ein guter Wagen,

Der Kampf mit den Verbrennungsfahrzeugen

Abb. 13: Tomasz Lem mit Vater in Österreich, 1980

denn er fuhr danach noch aus eigener Kraft.« (*Auszug aus einem Interview mit Ewa Lipska*)

Zu Beginn der Sechzigerjahre besuchte Sławomir Mrożek meine Eltern, als frischgebackener Fahranfänger und stolzer Besitzer eines identischen P-70. Die Herren waren schon seit einigen Jahren miteinander befreundet, doch war dies der erste Besuch, den Mrożek mit seinem vor Neugierkeit blitzenden Auto abstattete. Vater beschloss, dem Gast zu erklären, wie man sich um es kümmern müsse, und legte großen Wert auf den Radwechsel – für den Fall, dass dies notwendig werden würde. Die Herren begaben sich in die Garage, in der das Auto des Gastes abgestellt war. Doch als der Wagen hochgehoben und das Rad abmontiert war, wurde der Vortrag durch ein Knirschen und Scheppern unterbrochen. Das Auto plumpste hinunter, der Wagenheber hatte ein beträchtliches Loch in die Bespannung aus Karton und Plastik gerissen. Als Mutter in die Garage kam, um nachzusehen, warum es dort so lustig zuging, hielten sich die Herren vor Lachen immer noch die Bäuche.

Als ich zur Welt kam, war Vater schon ein Fahrer mit langjähriger Erfahrung. Als Vier- oder Fünfjährigen nahm er mich manchmal auf die Knie und wir lenkten »gemeinsam«: Der graphitfarbene Fiat 125p war in Polen zusammengebaut worden, doch »aus italienischen Teilen«, was Vater stolz hervorhob. Das Auto war mit einem Schalthebel am Lenkrad ausgestattet, das so groß war wie ein Steuerrad auf einem Schiff, und mit einem wunderlichen, waagerechten Tachometer.

In Fußgängergeschwindigkeit fuhren wir durch die Siedlung, die heute rasch wächst, damals aber gerade einmal aus einem guten Dutzend Häusern bestand. Ich erinnere mich nicht, dass wir unterwegs einem anderen Auto begegneten.

Wenn wir zu weit auf den Schotterweg hinausgefahren waren, mussten wir umdrehen, und dabei konnte ich meine Geschicklichkeit beim Einlegen des Rückwärtsgangs beweisen, was nicht immer gelang.

Das Auto war gelegentlich mittelbar ein Grund für Konflikte mit der Schwiegermutter, da Vater dem eigenhändigen Schneeschaufeln in der steilen Garageneinfahrt großzügiges Salzstreuen vorzog, auch auf den Gartenwegen, was für den unter dem Schnee verborgenen, gepflegten Garten tödlich war. Eine so barbarische Behandlung rief begründeten Protest hervor.

Vater gelang es, hinter dem Steuer fast verwegene Taten zu vollbringen, die tragisch hätten enden können. Während einer Autobahnfahrt in Österreich, bei einem Tempo von mehr als einhundert Stundenkilometern, zog er plötzlich den Zündschlüssel heraus, was ein unheilverkündendes Knacksen auslöste, mit dem das Lenkrad in der Position »geradeaus« einrastete. Da der Motor ausgegangen war, funktionierte auch die Bremskraftverstärkung nicht mehr. Ich weiß nicht, ob sich die Passagiere, unter denen sich auch Mutter befand, darüber im Klaren waren, was soeben vor sich ging. Zum Glück war die Straße gerade und leer, weshalb Vater es schaffte, den Schlüssel zurückzustecken, bis alles wieder in bester Ordnung war. Ein anderes Mal – gleichfalls während einer Urlaubsreise – wollte er herausfinden, was geschieht, wenn er auf der Autobahn die Spur so rasant wechselt wie ein Formel-1-Fahrer. Auch dieses Experiment überlebten wir irgendwie, obwohl die Passagiere durch den plötzlichen Spurwechsel einen Schock erlitten und später mit blauen Flecken ausstiegen.

Mit Autos hängt auch noch eine andere Geschichte zusammen, selbst wenn das Fahrzeug hier nur eine Nebenrolle spielt.
Es sind die Sechzigerjahre des vergangenen Jahrhunderts. Wie jeden Tag bringt Vater Mutter zur Arbeit. Er lässt das Auto auf dem Parkplatz stehen und macht sich mit seiner Einkaufstasche, die er immer bei sich trägt, in den Feinkostladen auf.
Indessen werden die Ärzte wegen eines Schadens an den Apparaturen nach Hause geschickt. Mutter findet das Auto auf dem Parkplatz und setzt sich auf den Beifahrersitz.
Vater stellt die Einkäufe in den Kofferraum, bemerkt Mutter nicht und setzt sich hinter das Steuer.
Basia ist anfangs empört, bleibt aber ruhig sitzen. Sie verlassen den Parkplatz – Basia spürt eine wachsende Unruhe. Wenn sie plötzlich etwas sagen würde, könnte Staszek sich schließlich erschrecken und einen Unfall verursachen.
Das Auto hält an einer Ampel an. Der in Gedanken versunkene Ehemann schaltet aus Langeweile die Scheibenwaschanlage ein, die wie immer die an der Straßenbahnhaltestelle Wartenden bespritzt. Er schaut sich um. Sein Blick stoppt auf der Fußbodenmatte der Beifahrerseite. Hier erblickt er einen Fuß. In Damenschuhen und Strümpfen.
Mit tellergroßen Augen fragt er:
– Basia, was tust du denn hier? Du bist doch arbeiten!

Kapitel 5
Reisen

In den Fünfziger- und Sechzigerjahren unternahmen meine Eltern einige Auslandsreisen, unter anderem fuhren sie mit dem Schiff *Mazowsze* nach Skandinavien, sie reisten außerdem in die Tschechoslowakei und nach Jugoslawien, anschließend sogar nach Italien, wo sie Sławomir Mrożek besuchten:

> »… er empfing uns in Chiavari. Meine Frau und ich fuhren mit dem Zug aus Paris zu ihm. Ich war überrascht, denn sie lebten sehr bescheiden, sie hatten noch keine Möbel (außer Liegen), und ihre Familie schickte ihnen aus Polen Graupen. Sławek, der damals einen schwarzen Volkswagen hatte, zeigte uns Italien. Ich erinnere mich bis heute daran, dass er für unser Hotel zahlte.« (*Tako rzecze… Lem*)

Die erste Westreise war aber der Ausflug nach Skandinavien 1956 – infolge der »Lockerung der Schrauben« nach dem Arbeiteraufstand in Posen war es leichter, einen Pass zu bekommen. Heute wäre die Entsprechung einer Westreise für einen Bürger der Volksrepublik Polen wohl ein Flug auf den Mond oder auf den Mars.

> »Der inländische Teil, also die ›Mazowsze‹, bereitete uns einige Plagen, da man in Kajüten wohnte, die klein wie Schubladen waren, OHNE FENSTER, unter der WASSERLINIE, da es so ein kleines Schiffchen war, das ursprünglich (das ist kein Witz) für die Donauschifffahrt gebaut worden war, es hatte keinen großen Tiefgang und war bei Wellen beängstigend, doch wir hatten zum Glück großartiges Wetter (…). Die geringe Größe und Majestät des Schiffes hatte viele Reiseliebhaber abgeschreckt – z. B. fuhren bei 4 Plätzen, die der Polnische Schriftstellerverband besaß, nur wir zwei mit. Die beiden anderen – ich weiß nicht wer – hatten besorgt verzichtet.
> Das Wetter war wunderbar, der Panoramateil (Fjorde, Sonnenuntergänge um 10 Uhr abends, bis 11 Uhr hell, Schneefelder, so eine

Super-Tatra, die ins Meer gestellt worden ist, daneben prächtige Häfen, Städte und das Tages- und Nachtleben des Kapitalismus). Der landeskundlich-städtische Teil (Oslo, Bergen, Kopenhagen) gelang überraschend gut, obwohl er auch sehr ermüdend war, denn wenn wir durchschnittlich ca. zwei Tage in jedem Hafen lagen, schliefen wir natürlich nicht, sondern die Nächte dienten zur weiteren Besichtigung und dazu, die Lippen in großstädtischer Zügellosigkeit zu netzen.« (*Aus einem Brief an Aleksander Ścibor-Rylski, August 1956*)

Den ersten Kontakt mit Luxus, Wohlstand und der verfemten, bourgeoisen Coca-Cola überstanden die sich an Bord der »Mazowsze« befindenden Männer besser. Die Herren betrachteten mit Interesse, doch auch mit Beherrschung die neuesten Automodelle, während die erschütterten Damen nach der Konfrontation mit westlicher Mode, mit der in der Volksrepublik Polen unerreichbaren Qualität der Stoffe und der Finesse eleganter Kleidung in den Schaufenstern, lange nicht zu sich kommen konnten.

»Für ein großartiges Erlebnis halten wir insbesondere den (zweifachen) Besuch am Abend und in der Nacht des dänischen Lunapark-Giganten Tivoli mit seinen teuflischen Bahnen, Geisterhäusern, Roulettetischen, Boogie-Woogie-Ringen, Pantomimetheatern, Feuerwerken, Seiltänzern, der mittelalterlichen Ladenstraße (…). Wir hatten ein ›Taschengeld‹ in Höhe von 17 Dollar pro Person (für die ganze Reise) (…). Es stellte sich heraus, dass das gar nicht so viel war und dass man davon kaum Besorgungen machen konnte. D. h. Stoff für Kleider und einen Gürtel mit einer norwegischen Fahne auf der Schnalle – das ist eigentlich alles.« (*Aus einem Brief an Aleksander Ścibor-Rylski, August 1956*)

Dieser Gürtel diente nicht nur Vater, sondern später auch mir. Da die Reise nach Skandinavien zwölf Jahre vor meiner Geburt stattfand, stellt dies dem damaligen norwegischen Lederhandwerk die besten Noten aus. Von den ernsteren Dingen sollte angemerkt werden, dass von der 124 Personen zählenden Reisegesellschaft »ein Kerl in Kopenhagen abgehauen ist und eine Frau mit zwei Kindern in der Heimat zurückgelassen hat«.

*

Abb. 14: An Bord der Mazowsze, 1956

Nach Prag begaben sich die Eheleute Lem im Jahre 1960 in ihrem noch neu riechenden, zweifarbigen Wartburg, dessen Form an eine umgedrehte Seifenkiste erinnerte, und der von einem Zweitaktmotor angetrieben wurde. Das war ein für die damalige Zeit über alle Maßen modernes Fahrzeug. Es handelte sich um ihre erste Auslandsreise mit dem Auto, verschönert mit Attraktionen, die man Menschen nicht erklären muss, die sich an die Zeit des real existierenden Sozialismus erinnern: Eine Welt, die eine merkwürdige Verbindung von allgemeinem Unvermögen und von Armut mit Ersatzprodukten für Luxus und Eleganz war. Ein oft wiederkehrendes Motiv in dem Tagebuch, das Mutter während der Reise schrieb, ist das nicht gut schmeckende, kalte Essen in den Restaurants, die unfreundliche Bedienung und der Mangel an allem: an Brötchen in der Bäckerei, Zimmern im Hotel, bequemen (und dann schon: überhaupt irgendwelchen) Schuhen, Pullis, Grippemedikamenten, »Unterhosen für Staszek« und Warmwasser im Bad.

»Der Zöllner wundert sich über die neuen Plastikbezüge im Auto, es interessiert ihn die Schokoladenschachtel von Wedel mit den Lockenwicklern. Ab der Grenze fahren wir zunächst langsam, beeindruckt und mit dem Minderwertigkeitsgefühl, dass hier sicher alles schwieriger ist, dann sehr schnell, weil die Straßen toll sind«, schreibt Mutter auf dem Briefpapier des Hotels Ambassador, Václavské Náměsti 5. »Vor dem Ambassador eine Menschenmenge, Platz für uns haben sie nicht. Traurig.«

Zum Glück taucht Vaters tschechischer Übersetzer auf, der alles erledigt, und so findet sich ein Zimmer. Am nächsten Tag:

»Bei seiner ersten Begegnung mit einem Wiener Würstchen spritzt Staszek den ganzen Inhalt daraus auf sein feierliches Jackett, auf das weiße Hemd und die gestern gekaufte Krawatte. Ich werde schrecklich zornig. Staszek schiebt das Tablett mit dramatischer Geste von sich, zieht es dann aber gleich wieder zurück zu sich.«

An dieser Stelle erlaube ich mir eine Abschweifung zum Thema Kulinarik und Mode. Wenn sich die unersättliche Natur ein Opfer ausgewählt hat, quält sie es, indem sie sich den am wenigsten erwarteten, den unverhofftesten Augenblick aussucht, sie greift unvermittelt an und holt den Gegner von den Beinen. Vaters Achillesferse waren nicht nur Wiener Würstchen, sondern auch Gerichte von Pilzsuppe über Barschtsch, Graupensuppe, Erbsensuppe, Vaters geliebte Linsensuppe bis hin zu Tomatensuppe, von Spinat bis zu dicken Saucen, mit denen man beim Essen bettelnde Hunde unter dem Tisch begießen konnte, wobei man seiner Frau unschuldig auseinandersetzte, dass man gerade das natürlich nicht tun dürfe. Die Flecken dieser Speisen ließen sich ebenso schwer aus der Kleidung entfernen wie Spuren von verschmierter Schokolade und Halwa. Doch wenn man die Dinge am Impetus der zerstörerischen Kräfte bewerten wollte, so genössen Rote Bete die höchste Anerkennung.
Unerwünschte Augenblicke, in denen er sich von Kopf bis Fuß mit Roter Bete verschmierte, waren die im Flughafenrestaurant verbrachten Minuten direkt vor einem Auslandsflug. Noch verräterischer war Rote Bete, wenn sie in der Kantine im Fernsehgebäude zum Angriff schritt, direkt vor einem Auftritt und bei einem Essen, das er in seinem einzigen weißen Hemd einnahm. Das führte zu dramatischen Situationen. Vater war, kurz bevor er auf Sendung ging, von einer Gruppe aufgeregter Frauen umgeben, unter denen sich neben zahlreichen Visagistinnen vom Fernsehen meistens seine Gattin befand – sofern es ihr gelungen war, dorthin vor-

zudringen –, wobei alle Frauen als Waffe angefeuchtete Taschentücher in der Hand hielten und verbissen daran arbeiteten, die Zerstörungen zu beseitigen und zu kaschieren.
Vater machte sich aus solchen Dingen prinzipiell nicht so viel. Er erlaubte es zwar, grob das zu entfernen, was seinen Anzug bedeckte, doch auf sein Aussehen legte er keinen Wert. Wäre es möglich gewesen, so wäre er immer im Pulli und in weiten Hosen herumstolziert, die an den passenden Stellen von altmodischen Hosenträgern gehalten wurden. Vervollständigt wurde das Ganze noch von ordentlich geputzten Schuhen, die ohne Rücksicht auf Größe und Form nach Lemberger Art »buciki« (Schühchen) genannt wurden. Wenn es kühler wurde, zog er sich einen Trenchcoat über, und auf seinem Kopf war dann eine Baskenmütze zu sehen. Vor Fernsehauftritten war er geneigt, sich auf gewisse Kompromisse einzulassen, und verzichtete zugunsten von Hemd, Krawatte und Jackett auf seinen Pullover, doch die Überredungskünste seiner Frau bewirkten manchmal das Gegenteil der bezweckten Folgen. Die mühsam erkämpfte, ausgebeulte Hose und der Pulli, denen anzusehen war, dass er seine Schokoladenfinger daran abgewischt hatte, waren ein stummer Protest gegen die Idee, sich für wen auch immer herauszuputzen.
Als er einmal bei der Krakauer Buchmesse seine soeben erst erschienenen Gespräche mit Tomasz Fiałkowski signierte, war unter den auf ein Autogramm Wartenden auch eine ältere Frau, die sagte:
– Seine Alte kümmert sich nicht um ihn!

*

Kehren wir ins Prag der Sechzigerjahre zurück. Beim Besichtigen der Stadt sieht Vater in einer Schaufensterauslage einen Filmprojektor, den er sofort kauft, um im Hotelzimmer einen aus Polen mitgebrachten Film vorzuführen, den er noch im Krakauer Stadtteil Kliny aufgenommen hat.

> »Im Hotel, vor Aufregung zitternd, versuchen wir, den Projektionsapparat in Gang zu setzen. Wie ich Staszek kenne, wird er sich daran machen, ohne die Gebrauchsanweisung zu studieren, und dann erklären, dass der Apparat kaputt ist. Tatsächlich. Zunächst zerbricht das Ebonit-Rädchen für die Spannungsregelung, und gleich darauf vertieft sich Staszek in die Anleitung. Ihr zufolge ist eigentlich alles gut, aber es geht nicht. Wir schrauben den Transformator auf und

können ihn dann nicht mehr zusammenschrauben. Staszek wird langsam blass – es ist sehr heiß, und der Transformator ist schwer. Wir schütteln ihn und klopfen ihn auf den Boden. Schließlich packen wir alles in einen Koffer, den Staszek in den Laden bringt. Dort dreht der Verkäufer das zerbrochene Spannungsrädchen ab und schraubt eine Schraube hinein. Staszek kehrt sehr müde zurück. Eine Weile ruht er sich aus, dann setzt er den Apparat in Betrieb. Unser erster Film ist ganz wunderbar gelungen. [Die Promenadenmischung] Dikuś, der Garten in Kliny, ein Bad in der Raba, die Tatra mit den Ścibors [Aleksander Ścibor-Rylski und Frau] und mit dem alten P-70. Wir sind sehr froh.«

Die Eheleute Lem besuchen den alten jüdischen Friedhof und bewundern dann in den Museen Picassos, Renoirs und Skulpturen von Rodin:

»Ich beobachte Staszek vor einem untersetzten Frauenakt. Er schaut ihn sich von vorne an, dann geht er mit kleinen Schritten auf seine Rückseite, seinen Kopf legt er schräg – man weiß nicht, ob er Rodin bewundert, oder ob ihm dieser Akt gefällt.«

Am Abend suhlen sie sich beim Essen im Restaurant »Moskva« im Luxus:

»Ganze Berge von Kaviar und Eis. Drei Kellner reagieren auf jeden Seufzer von uns. Es ist so leer, dass man das Auge auf niemandem ruhen lassen kann. Das Essen ist sehr gut. Luxuriöse Stille, in der jedes Schlürfen von Staszek zu hören ist.
Wir fühlen uns gut und lustig. Wir mögen beide, wenn etwas ausgezeichnet ist. Wir zahlen über hundert Kronen – und spazieren nach Hause.«

Einige Tage vor Vaters Geburtstag lädt ihn der Übersetzer, Herr S., zusammen mit Mutter zum Tanz ein. Die Lems bereiten sich passend vor, leider verschwindet der Übersetzer und bleibt trotz mehrerer Anrufe unauffindbar. Den Geburtstagsabend verbringen die Lems in einem Restaurant:

»Wir trinken Rotwein, nach dem Wein sind wir munter. Neben uns sitzt eine polnisch-tschechisch-afrikanische Gesellschaft. Das Orchester spielt Stücke von vor dem Ersten Weltkrieg. Niemand tanzt. Plötzlich kommt der spurlos verschwundene S. herein, neben ihm Frau K. Aber er verliert seinen Kopf nicht, sondern hat einen Gesichtsausdruck, als habe er sich nach dieser Begegnung gesehnt. Wir sind gespannt, was er sagen und wie er versuchen wird, sich zu erklären. Er erklärt sich nicht, also bedrängen wir ihn mit Fragen. Alles, was er zu sagen hat, klingt undurchsichtig und unglaubwürdig. Seine Partnerin meldet sich überhaupt nicht zu Wort, obwohl sie angeblich tagelang schwer zusammen gearbeitet haben. Die Situation ist peinlich, weil uns plötzlich etwas klar wird und sie wissen, dass uns etwas klar geworden ist.«

Diese Episode ist insofern bedeutsam, als sie das Phänomen der »Scheidungsbriefe« illustriert, die manchmal Personen (verdientermaßen oder auch nicht) erhielten, die mit Vater eng zusammenarbeiten, zum Beispiel Übersetzer, Journalisten, Literaturkritiker und Agenten. Diese nicht besonders nette Korrespondenz war gewissermaßen geistig mit Witkacys Brief *An die Rotznasenfreunde* verwandt.
Im Hotelzimmer setzte sich Vater an die Reiseschreibmaschine und schrieb einen »Scheidungsbrief an den Übersetzer«, für den Damengesellschaft mehr zählte als ein vereinbartes Treffen. Beim Schreiben klingelte das Telefon, doch Vater stellte es für alle Fälle ab. Im Gegensatz zu anderen »Scheidungsbriefen«, von denen Vater im Laufe seines Lebens mindestens einige Dutzend an diverse Personen und Institutionen schrieb, sollte sich dieser als außerordentlich wirksam erweisen – der Übersetzer sollte nie mehr ein Buch von ihm übertragen.
Mutters Eintrag in ihr Tagebuch an diesem Tag endet mit den folgenden Worten:

> »Ich schreibe. Staszek will alle halbe Minute wissen was. Schlussendlich befehle ich ihm, still zu sitzen. Er ist eingeschnappt und geht schlafen.«

In Bratislava wurden Basia und Staszek zunächst zu einem feierlichen Abendessen eingeladen (»ich esse und lobe, denn anstatt vorzüglich zu sein, war das Essen ganz kalt«) und dann zu einer Ballettaufführung, wie Mutter notierte:

> »Am meisten gefallen uns beim Ballett die hechelnden und fetten Hauptdarstellerinnen, vor allem bei schweren Luftsprüngen oder

wenn sie mit lautem Klatschen auf die Erde fallen, wobei sie kokett einen Fuß in der Luft halten. Es gab auch viel Volk, das sich plagte und Säcke schleppte. Wir gingen nach dem zweiten Akt. Ich habe mich im Theater gut ausgeruht, denn wir mussten nicht reden, durften aber lachen.«

Nach der Rückkehr nach Prag feierte Vater, weil der Hotelrezeptionist sich durch die äsopische Sprache des Romans *Eden* gebissen hatte, den »größten schriftstellerischen Erfolg meines Lebens«, wie er in *Świat na krawędzi* (Die Welt am Rand) erklärte:

»Wir fuhren ganz ins Blaue nach Prag, ohne zuvor eine Übernachtung reserviert zu haben. Wir fahren also mit dem Taxi von Hotel zu Hotel – von einem Zimmer keine Rede, alles belegt. Schließlich gelangen wir nach Vinohrady. Ich lege den Pass auf den Tresen und höre erneut: ›Nichts frei.‹ Nach einem Augenblick schaut der Rezeptionist aber von meinem Pass auf: ›Sie haben *Eden* geschrieben? Aber natürlich, aber natürlich…‹ und händigt mir einen Schlüssel aus.« (*Świat na krawędzi*)

Acht Jahre vor meiner Geburt kaufte Vater in einem Prager Spielzeugladen eine Apparatur von beträchtlicher Größe, die er in seinem Hotelzimmer in Bewegung setzen wollte:

»Staszek versucht die Dampfmaschine anzuwerfen. Er gießt tschechisches Kölnisch Wasser hinein, denn wir haben keinen Brennspiritus. Erst einmal nichts. Dann blubbert es, schließlich dreht sich alles wie verrückt.«

An einer Dampfmaschine war nichts Verwunderliches, wenn man bedenkt, dass Vater am 25. Juni 1956 Folgendes an Jerzy Wróblewski geschrieben hatte:

»Aus Berlin habe ich etwas Damen-Krimskrams mitgebracht (…) und für mich eine elektrische Eisenbahn, drei Lokomotiven, Personen- und Güterwaggons, Signale, Weichen, Kreuzungen, Schienen.«

Das Honorar für die in der Tschechoslowakei erschienenen Bücher durfte nicht ausgeführt und musste an Ort und Stelle ausgegeben werden. Dies bewirkte ein eifriges Gehetze durch die Geschäfte und den Kauf von im-

mer mehr unnötigen Dingen. Neben der Dampfmaschine gelangten an Bord des Wartburgs auch zahlreiche Einkaufstüten, Pullover, Schuhe sowie ein »vollständiger Satz von Schmierölen und Lacken«. Leider machte Regen die Pläne zum Kauf einer großen Marzipantorte zunichte: »Staszek verabschiedet sich am Schaufenster vom Gedanken an Marzipan.« Das dauert nicht lange, denn als der Regen aufhörte, so Mutter weiter, »macht sich Staszek in die Stadt auf. Er kehrt mit süßen Butterbroten und Früchten aus Marzipan zurück. Das packen wir dann auch ein.« Und so vervielfachte sich das Gepäck deutlich: »Wir haben 9 Koffer, einen Projektor, einen Korb, eine Tasche, eine Camping-Ausrüstung, 2 Aktentaschen und einen Transformator (ohne Verpackung).«
Aufgrund dieser Anstrengungen kann Mutter schließlich erleichtert vermelden: »Endlich haben wir nur noch wenige Kronen«. Die Zöllner stellen den Inhalt des Autos auf den Kopf, sind aber freundlich. Und nur bei einer Rast unterwegs am Straßenrand kommt es zu größter Verwunderung: Aufgrund eines Missverständnisses mit dem Prager Kellner ist die Thermoskanne nicht mit Kaffee gefüllt, sondern mit kalten Wiener Würstchen.

Jugoslawien

Nach Jugoslawien begaben sich die Eheleute Lem zwei Mal, 1961 und dann wieder 1966. Der erste Aufenthalt war von finanziellen Schwierigkeiten, Problemen mit Transport, Unterkunft und Gesellligkeit geprägt (in Dubrovnik kam es nicht zu dem geplanten Treffen mit Sławomir Mrożek). In Jugoslawien beschloss Vater auch, in die Rolle als Chronist zu schlüpfen. Eines Morgens, als sie früh aufwachte, sah Mutter verwundert, dass ihr Gemahl tief über IHR Notizheft gebeugt saß und schwungvoll etwas schrieb. Das brachte sie ziemlich auf. Sie versuchte ihm zu erklären, dass seine Schrift, die an die von einem Seismografen festgehaltenen Primär- und Sekundärwellen eines Erdbebens erinnerte, sowieso von niemand entziffert werden könnte, zumal Vater selbst damit immer wieder Schwierigkeiten hatte. Doch der Chronist war unerbittlich, und so enthält das Heft mit dem von Vaters Hand geschriebenen, haarsträubenden Titel *Albtraumhaftes Buch der Erbarmungslosen Zumutungen und Wanderungen am Gestade des Dalmatinischen Teils des Adriatischen Meeres* (*Khoszmarna Xięga Bezlitosnych Dopiekań i Peregrynacji na Poboczu Dalmatyńskiej Partii Adriatyku*), auf der ersten Seite mit dem Zusatz »Möge Gott es schützen«, viele mit unleserlichem Gekritzel beschriebene Seiten.

Reisen

Wiederkehrendes Thema der jugoslawischen Reisen sind das fehlende Wasser in den Badezimmern, gelegentliche Wetterumschwünge mit Hagelschauern, auch in der Nacht, in einem von Blitzen erleuchteten Zimmer mit ausgefallenem Strom – sowie Hunger. Letzterer begann allerdings schon in Polen, wie Vater schreibt:

> »In Warschau sind die Flüge wegen Nebel eingestellt. Alle Hoffnung schwindet. Hunger. Wir retten uns mit einem Cognac. Bessere Touristen werden zum Frühstück bei der LOT eingeladen. Wir verzehren unsere Vorräte. Ich vergesse meine Baskenmütze im Flugzeug. Nachdem sie wiedergefunden ist, passieren wir schnell die Zollformalitäten. Wir kaufen zwei Fahrkarten à 80 Dinar für den JAT-Autobus. Basia macht sich Sorgen wegen des Gepäcks. Unterstützt durch Versicherungen der JAT-Stewardess beruhige ich sie. Ein Kerl warnt uns vor halsabschneiderischen Taxifahrern. Bei JAT angekommen, sind unsere Koffer nicht da. Basia beginnt aus Verzweiflung Englisch zu reden...« (*10. Oktober*)

Englisch war auch geeignet, um die schwierigen Momente zu überstehen, die durch das ausbleibende gute Wetter verursacht waren. Wie sehr es gegossen haben muss, zeigt sich auch an der bedeutenden Anzahl von Seiten im Notizheft, die mit Geduldsspielen vollgekritzelt sind – auf Polnisch und auf Englisch.

Der zweite Aufenthalt erwies sich in meteorologischer Hinsicht als besser, oder meine Eltern hatten sich vorsichtshalber mit einem eigenen Heft für Spiele ausgestattet. Während einer mehrere Tage langen Adria-Kreuzfahrt mussten sie, arm wie Kirchenmäuse, immer wieder ablehnen, wenn ihnen diensteifrige Kellner Speisen oder Wein anboten, und ernährten sich heimlich in ihrer Kajüte von Zwieback. Ihre Bestürzung (und Mutters spätere Vorhaltungen, die sie meinem als Dolmetscher fungierenden Vater machte) war groß, als sich am letzten Tag herausstellte, dass Speisen und Wein im Ticketpreis enthalten waren.

Kaltes Wasser in den Hotelzimmern war die Norm, doch stellte sich dann heraus, dass es manchmal gar kein Wasser gab. Die wie ein Wasserfall Kroatisch sprechende und von einer Begleiterin ins Englische übersetzte Hotelangestellte, die den Gästen ihr Zimmer zeigte, schraubte vielsagend den Wasserhahn im Bad ab, um den Gästen jede Hoffnung auf ein Bad zu nehmen. Manchmal war ihnen das Glück jedoch hold:

Abb. 15: Barbara Lem in Trsteno bei Dubrovnik, 1966

»In unserem Quartier läuft zwar das Wasser, es ist aber eiskalt. Dennoch dusche ich tapfer. Staszek versuche ich zu überreden, dass er sich gar nicht waschen soll, weil ich weiß, dass er sich dann auf jeden Fall wäscht und wir nicht streiten müssen…«

Neben den Reiseberichten aus den Notizheften haben sich die bereits erwähnten Stummfilme erhalten, die Vater mit einer Doppel-8-Kamera aus der DDR eifrig aufnahm. Die Kamera belichtete die Hälfte eines 16 mm breiten Filmstreifens, dann musste man in Dunkelheit die Spulen wechseln und die zweite Hälfte des Films in die andere Richtung belichten. Nach dem Entwickeln schnitt man den Film mit einer Spezialschere durch, wodurch zwei 8-mm-Streifen entstanden. Große Aufmerksamkeit schenkte mein Vater als Kameramann historischen Sehenswürdigkeiten sowie unterwegs angetroffenen exotischen Autos, während Einstellungen, auf denen man Barbara (aber auch Sławomir Mrożek und Jan Błoński) sieht, zu den Seltenheiten gehören. Manchmal huscht die Kamera, die zum Beispiel zeigen möchte, wie großartig der Schiefe Turm von Pisa ist, über eine Gestalt hinweg, die bekannt erscheint, und erst wenn man den Film anhält, stellt sich heraus, dass hier meine künftige Mutter steht.

Russland

»Luna 17[1] ist ganz einfach genauso ein Spielzeug wie Tomek eines hat, nur mit dem Unterschied, dass die Menschen der Sowjetunion, kühne Neuerer, mit ihm in größerer Entfernung spielen.« (*Aus einem Brief an Aleksander Ścibor-Rylski, 26.11.1970*).

In den Sechzigerjahren reiste Vater zweimal mit einer Delegation polnischer Schriftsteller nach Russland: 1965 und 1968. Beim zweiten Mal fuhr er als bekannter Autor, doch schon beim ersten Mal konnte er über fehlende Popularität nicht klagen.

»Leningrad, Moskau, Charkiw, Dubna, d. h. das Vereinigte Institut für Kernforschung – nun, man hat mich sehr gewürdigt (…). Ich war Ehrengast der Kosmonauten, habe Fotos von ihnen bekommen, die sie im Kosmos aufgenommen hatten (…), erhielt seltsame Geschenke (einen Aluminium-Monokristall, eine hüpfende Ente mit einem Schmetterling, einen ganzen Bücherschwarm, ein Dewargefäß für flüssiges Helium, aber es ist mir kaputtgegangen, ein litauisches Götzenbild, eine chinesische Dschunke aus Eisenholz, ein Porträt von Einstein). (…) Ich reise mit einem Düsenflugzeug, einer bauchigen Antonow, die auch Schwangere Heuschrecke genannt wird, mit dem Auto, dem Expresszug Roter Pfeil (…). Ich war bei Kapiza, bei Schklowski zu Hause, im Hotel habe ich eine Gruppe von Physikern vom IFE in Moskau empfangen…« (*Aus einem Brief an Jerzy Wróblewski, 10. November 1965*).

---

1 Unbemannter sowjetischer Mondrover.

Das ungeplante Schema dieser Besuche ähnelte sich. Alles begann damit, dass Mitglieder der Akademie der Wissenschaften Lem von den überraschten Schriftstellerkollegen »abkoppelten«, bis man ihn im letzten Augenblick vor der Rückkehr der Delegation nach Polen wieder an den richtigen Ort »zurückbrachte«.

»In Russland wurde ich immer bekannter, und wegen *Solaris* wurde nicht nur Tarkowski verrückt, mit dem ich mich wegen seines Films übrigens sehr gestritten habe (…). Kaum tauchte ich in Moskau auf, befreiten mich die Wissenschaftler von den Literaten. Dadurch lernte ich keinen einzigen Literaten kennen, vielleicht mit Ausnahme der Brüder Strugatzki, sondern nur Physiker, Astrophysiker, Kybernetiker und Dissidenten« (*Świat na krawędzi*)

Die führenden sowjetischen Wissenschaftler nahmen ihn in Beschlag, unter anderem Kapiza, der spätere Nobelpreisträger:

»Kapiza empfing mich in Moskau; er schloss sich mit mir in seinem Arbeitszimmer ein, und wir redeten ein Stündchen. Seine auf dem Flur wartenden Mitarbeiter waren sehr enttäuscht, weshalb ich leichtsinnigerweise sagte: ›Wer möchte, kann mich im Hotel Peking besuchen.‹ Und am Abend kamen so viele Gäste, dass sie stehen mussten, obwohl das Zimmer groß war, und ein als gemütlich gedachtes Treffen verwandelte sich zu einer Art Versammlung.« (Świat na krawędzi)

»Prof. Dobruschyn erschien um 10 Uhr mit einer Menge von Mathematikern und Kybernetikern, und wir verbrachten die halbe Nacht beim Gespräch *de omnis rebus et quibusdam aliis* [über alles und einige andere Dinge], so dass Schklowski mich seinen Leuten als intellektuellen Supervisionär präsentierte und ein Paläontologe zwei von ihm neu entdeckte fossile Insektengattungen (s. mirabilis und s. syricta) ›Sepulken‹ nannte, und in eine ihnen gewidmete Monographie, die sie mir zuschickten, schrieben die Angestellten des Instituts für Paläontologie ergebene Widmungen, und schließlich führte meine Anwesenheit in Moskau zu einer so unbändigen Begeisterung, dass unsere Botschaft, wie von Sinnen, einen Empfang gab, bei dem diese Berühmtheiten mich auf verschiedenerlei Weise priesen.« (*Aus einem Brief an Władysław Kapuściński, Dezember 1965*)

Ein unangenehmer Kontrast zu dieser Anerkennung, die ihm in Russland unter den bedeutendsten Koryphäen der Wissenschaft widerfuhr, war die geringe Resonanz auf diesem Niveau in Polen:

»Ich habe ein interessantes Phänomen an mir entdeckt, das mir zu denken gibt. Und zwar ist das Schicksal meiner Bücher im Osten und im Westen sehr unterschiedlich. Im Osten bin ich so etwas wie eine Art Ozean, aus Russland erhalte ich unergründliche Briefe, ganze lange und zuweilen gar nicht einmal dumme philosophische Traktate, wie ein weiser Greis, der weiß, wie man leben soll. Die zerfledderten Exemplare meiner polnischen Ausgaben dienen zum Erwerb unserer Muttersprache. Polen ist ein Sonderfall, denn der Prophet gilt nichts im eigenen Land. Doch es gibt einen Tschechen, der aus einem meiner Romane eine Oper schreibt. Verschiedene hochgelahrte Personen aus Russland schicken mir ihre Werke mit Widmungen usw.« (*Aus einem Brief an Sławomir Mrożek, April 1967*)

*

»Sicherlich, das ist, grob gesagt, so: Wenn jemand schon anerkannt ist und sein Patent hat (…), dann kann er, zumindest in gewissen Maßen und in gewissen Grenzen, irgend einen dummen Mist schreiben, selbst wenn dieser in all seiner Mistigkeit nicht allzu klar ist, denn es wird für wohlklingendes Dukatengold sowieso gelesen werden. Und wenn jemand kein Patent hat, kann er auch schreiben, was er will, denn es wird in gleicher Weise ignoriert werden. Also an diesem Punkt des Nicht-Erkennens, des Nicht-Erstellens einer ›richtigen‹ Diagnose vermischen und überlappen sich diese beiden Produkte. Die Frage der Diagnose selbst, dieses Erkennens des eigentlichen Wertes, ist aber zweifellos interessant. Es scheint mir, dass es kein anderes als das eigene Urteil geben kann, zumindest liegt mir nicht an anderen, als Rezipient wohlgemerkt. Was kann ich schon dafür, wenn mir bestimmte Ölgemälde oder, um in der Branche zu bleiben, sehr berühmte Werke kein bisschen gefallen? Soll ich mich durch meine Mutmaßungen über blinde Flecken, über meine eigene, lokale Blindheit in Komplexe zwängen lassen? Und wozu überhaupt? Nichts ist einfacher, als in einer solchen Situation auf die Gesamtheit der Rezipienten zu extrapolieren, d.h. festzustellen, dass sie – sagen wir mal – alle zusammen so einen blinden Fleck hinsichtlich dieser oder anderer Werke haben. Doch mir passt ein solcher Standpunkt nicht, da er schließlich von der Existenz einer höheren, letztgültigen, also ganz einfach absoluten Urteilsskala ausgeht, von einer zwar absolut passiven Allgewalt, die keinen Finger krümmt, die aber über die Äonen der Zeit hinweg für Gerechtigkeit sorgt und die einen hinaufhebt, die anderen aber zum Vergessen verurteilt usw. Aber ich schreibe überhaupt nicht für so eine Position. Ich meine, dass es gegen das Urteil der Lebenden überhaupt keine Berufung geben kann, und wenn man über eine Nachwelt faselt, die man kennenlerne, ist das ebenso bescheuert wie wenn man sie kennenlernt, d. h. bemerkt, oder auch nicht bemerkt (nicht kennenlernt). Denn wenn wir in einem alten Grab von vor 11 000 Jahren einen alten Nachttopf finden und uns über diesen Nachttopf aufrichtig begeistern, so geht daraus wahrhaftig nicht hervor, dass er, dieser Nachttopf, damals, als ein Pharao sein Häufchen hineinlegte, auch so ein außergewöhnliches Ding war. Es waren ganz einfach die Umstände, die verstrichene Zeit, unser Wissen darüber usw. usf., alles dies hat uns diesen Nachttopf auf die entsprechende Höhe gehoben. Und wenn jemand Norwid ist, ein Vordenker, so kann man auch nicht sagen, dass sich alle, denen er schnurz war, besonders geirrt hätten, so Strohdumme, wisst ihr, und wir, die Besseren, die wir uns auskannten, was uns und ihm Ehre bringt, aber uns mehr. Nein, so ist das nicht. Ich weiß, dass ich diese Relativierung vom Standpunkt des gesunden Menschenverstands um ein Haar, einen Schritt zu weit treibe, da das angeblich nicht so einfach ist und weil es ›Werte von Dauer‹ gibt, denen eine Epoche, vor Widerwillen aufstoßend, zuschaut, während eine andere Epoche sie ans Herz drückt. Gleichwohl, generell gesagt, und in erster Annäherung, die mir fürs erste genügt, doch besser schon anerkennen, dass sowohl Anerkennung als auch Unkenntnis ein immanentes Phänomen sind, unwiderruflich, ohne Bezüge, Klagen und Tribunale im Schoß der verborgenen Ewigkeiten.« (*Aus einem Brief an Sławomir Mrożek, 24. November 1964*)

Kapitel 6
Diktate

Michał, ein Neffe meiner Mutter, war das erste Kind, das in das Haus in Kliny einzog. In den 1960er Jahren verbrachte er hier alle Ferien und kam auch, als eine längere Krankheit ihn am Schulbesuch hinderte.

»Unser Neffe hält sich, gewissermaßen schon aus Tradition krank, seit längerer Zeit in unserer Kliny-Klinik auf und wird sicher noch lange hier bleiben.« (*Aus einem Brief an Aleksander Ścibor-Rylski, November 1963*)

Während einer der Krankheiten machte er sich unter Onkel Staszeks Auge mit einem bedeutenden Teil der Weltliteratur vertraut, und er erinnert sich heute mit Rührung an diese Zeit. Sein Onkel musste zuerst selbst einen Armvoll Bücher lesen, die aus den Krakauer Bibliotheken beigebracht wurden – nicht so sehr, um sicherzugehen, dass sie keine verworfenen Inhalte enthielten, sondern vielmehr aus Nostalgie, denn am längsten musste Michał auf die gründliche Untersuchung der Romane Karl Mays warten. Beim Abendessen zitierte Vater Lieblingsfragmente aus diesen Werken, die Namen von Winnetou und Old Shurehand sprach er phonetisch aus (Win-ne-to-u usw.). Nebenbei gesagt machte er es Jahrzehnte später mit meiner amerikanischen Hochschule ähnlich, die er Prin-ce-ton aussprach:
– Tomasz, was gibt es bei dir in Prin-ce-ton Neues?
Auch wenn Michał als erster gegen den Widerstand der Materie kämpfen musste, um die Grenzen der kindlichen und später der Teenager-Freiheit zu erweitern, war meine Lage diesbezüglich kein bisschen leichter, was vielleicht aus dem großen, vierzehnjährigen Altersunterschied herrührte. Als ich als Teenager meinerseits damit begann, meine eigenen »bürgerlichen Freiheiten« zu erweitern, war Michał bereits Student, seine alten Taten waren nur mehr eine blasse Erinnerung, und die Zeit hatte vieles von dem, was er erkämpft hatte, verschüttet. Im Vergleich zu ihm war ich ein ruhigeres, um nicht zu sagen langweiligeres Kind, weshalb ich mich

Diktate

nicht damit brüsten kann, ein Erdloch ausgehoben zu haben, in das ein großer Lastwagen hineinfiel, so dass der Schuldige in der ganzen Umgebung gesucht wurde. Auch brach ich mir am ersten Ferientag nicht das Schlüsselbein, baute kein Baumhaus (obwohl ich später dort einzog) und ließ auch keinen mehrere Kilo schweren Stein auf meinen Kopf fallen. Das mit dem Stein vollführte mein Cousin wohl vor allem deshalb, um blutüberströmt nach Hause rennen zu können, in die Küche zu stürzen und zu schreien:
– Oma, rette mich, mein Schädel ist gesprungen!
Sein großer Beitrag zur Geschichte der polnischen Literatur war es, die Diktate von Onkel Staszek aufzuschreiben und aufzubewahren. Dieser bemühte sich, wie er konnte, um dem Jüngling bei der Orthographie zu helfen, was einige Notizhefte in der gleichmäßigen Schrift eines Gymnasiasten füllte:

»Ein Staatsbeamter, der kein Schmiergeld nimmt, erkrankt normalerweise an Schwindsucht. Verkäufer von Genossenschaftsläden, die keine Waren stehlen, magern ab und bekommen Tuberkulose. Wer keinen Schutzengel hat, kann tun, was auch immer ihm gefällt. Wenn die Teufel streiken, haben die Sünder Ferien. Ins kochende Wasser geworfene Graupen versinken hilferufend. Wenn man mit blinzelnden Augen in die Fettaugen der Suppe schaut, kann man sie hypnotisieren.« (*Dyktanda*)

Einige Diktate erwecken den Eindruck, als hätte sich Staszeks mit vielen anderen, wichtigeren Dingen beschäftigter Geist, erbost darüber, jemandem Rechtschreibung beibringen zu müssen, an seinem unglücklichen Neffen gerächt:

»Aufgrund eines neuen Gesetzes des Bildungsministeriums wird die Schuljugend, statt schlechte Noten für Rechtschreibfehler zu bekommen, in Konzentrationslager geschickt. Dort werden besondere, verschärfte Diktate bei Wasser und Brot stattfinden. Fehlerhaft geschriebene Wörter werden der Jugend mit weißglühendem Eisen auf die Stirn gebrannt. In der Abteilung ist auch erwogen worden, Rückfällige aufzuhängen, doch hat man einstweilen von diesem Plan Abstand genommen. Der Lagerkommandant wird über ein reiches Repertoire an Strafen verfügen: Bußhemd, Streckbank, Hufnägel, aber auch ausgehungerte Löwen, die laut Anordnung des Ministers den Unverbesserlichen die Beine an der Stelle abreißen werden, wo der Rücken seinen edlen Namen verliert. Es werden Gefängnisstrafen von bis zu vierzig Jahren vorgesehen. Nach dem Absitzen wird der Entlassene das Abitur ablegen können.« (*Dyktanda*)

Einem anderen Diktat ist auch zu entnehmen, dass zwar »die Blindschleiche sich vor Menschen ekelt, aber gerne Affen sowie ältere Jungen frisst, die Rechtschreibfehler machen«.

Michałs mittelbarer Beitrag zur Literatur war eine heldenhafte Tat während eines feierlichen Abendessens, bei dem in den 1990er Jahren Czesław Miłosz bei Vater zu Gast war. Beide Herren, schon im fortgeschrittenen Alter, beschlossen, auf der Terrasse frische Luft zu schnappen. Wer weiß, wie es um das Schicksal der polnischen Literatur weiter bestellt gewesen wäre ohne den Reflex des aufmerksamen Michał, der die Großschriftsteller genau in dem Augenblick mit eisernem Griff auffing, als sie bereits das Gleichgewicht verloren hatten und – ohne ihr Gespräch zu unterbrechen – gerade die Terrassentreppe hinunterstolperten.

Kapitel 7
Das alte Haus in Kliny

»Mein Sohn Tomasz, schon 7,5 Jahre alt, geht in die erste Klasse, lernt Klavier spielen, und seit März dieses Jahres geht ihm das eigenartig gut von der Hand; am besten gefällt ihm, dass sein Vater im Bereich der Noten Analphabet ist. Wir haben auch einen neuen Hund, einen guten Dummkopf, Bartek, 34 kg Gewicht und acht Monate alt; sehr stark und gefräßig, aber mitsamt den Knochen ein gutmütiges Vieh, nur gibt es Probleme mit der Ernährung, denn ER MAG KEINE GRAUPEN, und wie es um Fleisch bestellt ist, wissen wir ja. Unser alter Pegaz, EIN REIZENDER HUND, hält sich ganz gut, und das Zusammenleben des Erdgeschosshundes mit dem Hund aus dem ersten Stock gestaltet sich zu aller Verwunderung positiv. Meine Frau arbeitet wie gehabt beim Röntgen.« (*Aus einem Brief an Władysław Kapuściński, November 1975*)

Dieser Text müsste durch die Information ergänzt werden, dass ich auf eine Weise Klavier spielen lernte, welche Vaters Ruhe so wenig wie möglich störte, da ich (zumindest anfangs) auf einer auf Papier aufgemalten Klaviatur »spielte«. Erst später, als sich herausstellte, dass es keine vorübergehende Laune war, lieh uns Frau Doktor Madejska, Mutters enge Freundin, ein Klavier.

*

In den 1970er Jahren lebten wir in dem Einfamilienhaus in der Krakauer Siedlung Kliny zu viert: Oma (Mutters Mutter), Vater, Mutter und ich. Zu den damaligen Hausbewohnern müssen noch zwei Hunde gezählt werden: Der goldbraune Mischling Dikuś sowie der süße Dackel Pegaz, der auf vielen Familienfotos zu sehen ist. Es gab auch noch die Katze Smoluch, die uns das Leben verschönerte, indem sie regelmäßig neue, aber schon großgezogene Kätzchen anschleppte (»unsere nymphomane Katze

Das alte Haus in Kliny

Abb. 16: Die Siedlung Kliny, 1960

lässt sich ständig vögeln« – aus einem Brief an Aleksander Ścibor-Rylski, 3. Mai 1976), sowie – wie aus dem folgenden Brief hervorgeht – Spinnen:

> »Unsere Hunde sind auf den Hund gekommen und haben solche Flöhe mitgebracht, dass wir alle durch die Herrenzimmer laufen und uns unaufhörlich die Haare zausen und kratzen. Und was mich die Nahrung, die Antibiotika, die Diäten für die Hunde kosten, sage ich erst gar nicht und schweige schon davon, wie diese Hunde schrecklich STINKEN, ein wahrer Zoo. Und hier verbieten Liebe, Buddhismus, Zen und der allgemeine Humanitarismus das Mordbrennen (...).
> Eine große, schöne Spinne ist gestern auf mir gelandet (...) und ist so hartnäckig über mich hinwegspaziert, bis ich Licht gemacht habe. Traurig. Aber ich habe ihr nichts angetan, denn ich habe einmal ›THE LIFE OF SPIDERS‹ gelesen, woraus meine THEORETISCHE Sympathie zu den Spinnen rührt, obwohl sie von der praktischen Seite aus, was mich betrifft, zur Hölle fahren können.«
> (*Aus einem Brief an Aleksander Ścibor-Rylski, Juli 1972*)

Das Haus, das meine Eltern am Ende der Fünfzigerjahre bezogen, war Höhepunkt der Errungenschaften des Einfamilienhausbaus unter Go-

Das alte Haus in Kliny

Abb. 17: Barbara Lem mit Hund Dick in der Siedlung Kliny, 1966

mułka. Es besaß einen Keller, und wenn gerade einmal kein Wasser darin stand (das gelegentlich durch Drainagen beseitig werden konnte; es kehrte nur bei den stärksten Regengüssen und Überschwemmungen zurück), gab es dort einige nützliche Räume. Der Platz unter der Treppe eignete sich hervorragend dazu, Kartoffeln aufzubewahren. Im Heizungskeller stand ein Ofen, der Koksvorrat wurde durch ein kleines Fensterchen unter der Zimmerdecke hineingeworfen.

> »Koks haben wir nicht, mein Lieber, weshalb wir mit Kohle im Ofen heizen, da der sozialistische Wohlstand den Kauf von Koks in einem auf Weltniveau produzierenden Kohleland nach 15 Jahren des sozialistischen Aufbaus unmöglich gemacht hat. Du kannst kotzen wie du willst, aber Koks kriegst du nicht.« *(Aus einem Brief an Aleksander Ścibor-Rylski, März 1960)*

Es gab noch eine Speisekammer, in der sich neben dem Eingemachten eine immer größere Zahl leerer Flaschen Bénédictine und Chartreuse versammelte, eines grünlichen Likörs, den man für Devisen kaufen konnte, ein Katalysator, der mobilisierte und schöpferische Energie freisetzte. Die Liköre erfüllten zwei notwendige Kriterien für ein gutes Getränk: Sie enthielten Alkohol und waren sehr süß.

Das alte Haus in Kliny

Abb. 18: Das alte Haus in Kliny, 1978

Der wichtigste Kellerraum war neben dem Heizungskeller natürlich die Garage, in der nacheinander alle Autos standen, beginnend mit dem P-70 in den Sechzigerjahren bis hin zu dem großen, fünf Meter langen, gelben Mercedes in den Achtzigerjahren. Wegen der wachsenden Ausmaße der Fahrzeuge war es notwendig, das Garagentor umzubauen, doch die Garage selbst blieb unverändert. Aus eigenem Antrieb trug Vater zu ihrer Vergrößerung bei – jedes Mal fuhr er »bis zum Anschlag« hinein. Je größer das Auto war, desto größer war die Energie, mit der dieses Einparken vonstatten ging, weshalb in der Wand eine mehrere Zentimeter große Spalte entstand. Als Kind überlegte ich mir, wie es wohl wäre, wenn Vater eines Tages mit dem Auto direkt in die Speisekammer fährt, zwischen die Einmachgläser und Likörflaschen – doch soweit kam es nie. Offensichtlich waren die Wände mit einer gewissen Sicherheitsreserve gebaut worden, obwohl der Architekt in den Zeiten des so asketischen Gomułka kaum vermuten konnte, dass der Hausbesitzer schon bald mit Hilfe eines schreiend gelben, fünf Meter langen Mercedes versuchen würde, sich zusätzlichen Parkraum zu verschaffen.

Das alte Haus in Kliny

Abb. 19: Stanisław und Tomasz Lem vor dem Haus in Kliny, mit den oft sauren Trauben, um 1976

Das Erdgeschoss

»Basia lackiert die Fenster weiß, eine schöne Farbe, im Garten blühen Tulpen, Apfelbäume, Aprikosen, Süßkirschen und Pflaumen, dass es einem gefällt. Diese Welt ist sogar schön, nur ist es für den Menschen in ihr so verdammt unbequem.« *(Aus einem Brief an Aleksander Ścibor-Rylski, Mai 1964)*

Im Erdgeschoss befand sich Omas Zimmer, in dem der Mischling Dikuś residierte. Dort stand ein Bett, ein nach Lavendel duftender Schrank, ein Nachttischchen und eine 220-Volt-Lampe (was ich als Dreijähriger mit eigenen Händen überprüfte). Es gab dort auch einen tschechischen Schwarz-Weiß-Fernseher der Marke Tesla (aus einem Brief an Sławomir Mrożek, 15. Juli 1962: »Wir haben einen neuen Fernseher gekauft: Der Bildschirm ein mal anderthalb Meter, aber genau so einer wie zuvor, nur der Käse [, den sie bringen,] ist größer.«), wo ich mit meinen älteren Freundinnen und Freunden aus der Nachbarschaft die Serien *Bonanza* und *Zorro* schaute. Ich verstand nicht viel davon, vor allem *Bonanza*

Das alte Haus in Kliny

überstieg meine intellektuellen Fähigkeiten. Später nahm ich keine ernsteren Versuche mehr in Angriff, die Kernaussage dieser Serie zu begreifen, weshalb sie mir bis heute wie ein Programm vorkommt, das durchaus anspruchsvoll ist.

»Wir haben im Erdgeschoss eine Maus und werden sie nicht los, denn sie ist sehr gerissen und versteht es, alle Schlingen und Fallen erfolgreich zu vermeiden. Außer der Maus haben wir uns, d. h. dem Kind, d. h. mir, einen Apparat zum Farbfernsehen besorgt und schauen nun die langweiligsten Sitzungen des Parteikomitees mit Interesse, denn die Farben sind so interessant… die Pickel auf den Gesichtern… so hübsch gleichmäßig… und die Jacketts, die Krawatten der Herren, die Pullover der Damen. Das sind unsere bescheidenen ländlichen Freuden, mein lieber Herr!« (*Aus einem Brief an den Übersetzer Michael Kandel, 1974*)

Nach der unvermeidlichen Entthronung des Schwarz-Weiß-Fernsehers herrschte daheim weit mehr als ein Jahrzehnt unumschränkt ein Farbfernseher der Marke Rubin, aber schon in dem mit goldener Tapete verzierten Esszimmer.
Er präsentierte die Propaganda der Siebzigerjahre in Gelb oder in Blau und Orange, je nachdem, welche Röhre in dem stattlichen, Hitze ausstoßenden Gehäuse gerade durchgebrannt war. Das erste Fernsehprogramm, das Vater dank des Rubin-Empfängers sah, war das Magazin »*Truppenübungsplatz*«. Es handelte sich um unser erstes Zusammentreffen mit dem Farbfernsehen, die Familie saß verzückt vor dem Gerät. Vor dem Hintergrund eines graubraunen Waldes fuhren Panzer vorbei, vor einem blauen Hintergrund tauchte ein Mann in Uniform auf, zu anderen Panzern erklang das schmissige Lied »*Truppen, Truppen, Marsch, Marsch!*«. Da neben den Militärkasernen zur Hauptattraktion des Fernsehens die stundenlangen Ansprachen des Ersten Sekretärs der Polnischen Vereinigten Arbeiterpartei Edward Gierek gehörten, fertigte ich in einem Augenblick der Inspiration eine Zeichnung an, die Dutzende nummerierte Tribünen mit ins Mikrophon sprechenden Sekretären darstellte. Meine Eltern schauten sich an, sagten aber nichts.
Vater war von alledem nicht begeistert – weder vom Fernseher noch von der blassblauen Armee. Dafür begeisterte er sich für die goldene Tapete im Esszimmer und fand so großen Gefallen an ihr, dass er sich nur schwer

Das alte Haus in Kliny

Abb. 20: Die goldene Tapete im Esszimmer, 1970

damit abfinden konnte, dass die neuen Mieter des alten Hauses, nämlich mein Cousin und seine Frau, im Namen von Stil, Moderne, neuem *image* und *design* sie verschwinden ließen.
Es war im Esszimmer, wo Vater und ich versuchten, seinen Einfall zu verwirklichen. Mit Hilfe einer Viereinhalb-Volt-Batterie sowie einer Klingel erzeugte die Apparatur Strom, der ganz schön stark zuschlug. Wegen der geringen Stromstärke bestand natürlich keine Lebensgefahr, doch ein solcher Stromschlag war, selbst wenn man ihn erwartete, nicht angenehm. Die ursprüngliche Version dieser praktischen Erfindung wurde mit zwei Griffen aus dem »Constructor«-Baukasten ausgestattet (Vater wollte in mir ein Ingenieur-Talent entfachen). Da Vater es sich jedoch zur Ehrensache gemacht hatte, die engsten Angehörigen mit Stromschlägen zu traktieren, aber nicht einfach so, sondern überraschend, mussten besondere Vorkehrungen getroffen werden. Wir stellten ihnen eine Falle, indem wir eine große Zuckerdose verwendeten, die hervorragend stromleitend war, da sie aus Silber bestand. Wir wussten natürlich nicht im Vorhinein, wen wir erwischen würden, was dem ganzen Unterfangen einen zusätzlichen Reiz verlieh, jedenfalls schien es uns damals so. Die zweifelhafte Ehre

fiel schließlich Vaters Schwägerin zu. Spätere Erklärungen, dass »Tomek das selbst gemacht hat« und so weiter, hatten keinen Erfolg. Ich war damals etwa sechs Jahre alt, und Mutter ging zu Recht davon aus, dass die Konstruktion einer Apparatur, die elektromagnetische Induktion nutzte, meine Fähigkeiten überstieg. Nach dem ganzen Vorfall, als der Zucker aufgewischt und Tante wieder zu sich gekommen war, schloss sich Mutter mit Vater im Badezimmer ein – was später zu einer häufigen Praxis werden sollte – und führte mit ihm ein Gespräch, dessen Inhalt ich nur erahnen konnte.

Nebenbei gesagt: Ich weiß aus den Erzählungen meiner Mutter, dass Vater ganz zu Beginn ihrer Ehe die Angewohnheit hatte, ihre längeren Moralpredigten mit einem Wort zu quittieren: »Gewäsch!« (manchmal auch: »Trulla!«). Danach brach er wie ein kleines Kind in lautes Lachen aus. Als ich auf die Welt kam, gelang es, diese Angewohnheit aus pädagogischen Gründen, allerdings nicht ganz ohne Schwierigkeiten, zu bändigen und später ganz auszumerzen.

Die Küche

Der wichtigste Raum des Hauses war die Küche. An dem mit einem Wachstuch bedeckten Tisch blühte das gesellschaftliche Leben, die Hunde – der Mischling Dikuś und der Dackel Pegaz – beobachteten aufmerksam, wie Oma auf einem alten Elektroherd mit komisch gespreizten Metallfüßchen Pfannkuchen buk, in der Hoffnung, dass beim Wenden einer davon auf den Boden fallen würde. Hier dominierte eine Tapete mit halluzinogenen Blumenmustern, mit einem Übergewicht von Orange und Gelb. An der Wand hing eine Zeitlang an einem Nagel auch ein Schalter, Teil einer sorgfältig von mir ausgeführten Installation, ein ungefährlicher und menschenfreundlicher Nebeneffekt der spannungsgeladenen Zuckerdose. Wenn man den Schalter drückte, wurde in Vaters Arbeitszimmer im Obergeschoss eine Klingel ausgelöst, um ihn darüber zu informieren, dass man ihn zum Essen rief. Einige Tage lang funktionierte die Klingel tatsächlich, dann riss die Haushälterin beim Aufräumen die Kabel ab, und ich musste wieder die Treppe hinauflaufen, um Vater zu holen, was an und für sich natürlich nicht allzu schlimm war, aber mein Ego ankratzte – schließlich war das Treppenlaufen im Vergleich zu den Zeiten mit der ferngesteuerten Klingel zweifellos ein Rückschritt.

In der Küche stellte ich als kleiner Knirps mit großer Mühe für Vater (und nur für ihn) Desserts her, die wir auch »Süßspeise« nannten. Langsam wurden sie essbar, doch anfangs waren ihre Hauptzutaten Seife und in entsprechenden Proportionen das Spülmittel Ludwik und das Waschmittel Kokosal (das Dessert war umso besser, je stärker es schäumte). Später, als meine Desserts schon aus durch ein Sieb geriebenen, im Garten abgerissenen Johannisbeeren, Himbeeren und Erdbeeren bestanden, unter Beimischung von Gelatine, und in einem Kelch mit Zuckerrand präsentiert wurden, ließ Vater durch Mutter die Schwiegermutter diskret fragen, ob »der Nachtisch essbar ist«. Denn es bestand eine reale Gefahr, dass das Obstdessert aus ästhetischen Gründen, und um ihm den letzten Schliff zu verleihen, reichlich mit Kokosal gewürzt worden war.
Hinter dem uralten Kühlschrank stand eine Bohnermaschine aus der DDR, die respekteinflößend war, da an ihrem Vorderteil ein rotes Blech befestigt war, das an einen zu einer bedrohlichen Grimasse verzerrten Mund erinnerte. Ich hatte keine geringe Angst vor ihr, seitdem ich einmal einen ordentlichen Stromschlag abbekommen hatte, als ich versuchte, mit ihr den Boden zu bohnern. Die Bohnermaschine diente mir oft als Stuhl, da der Küchentisch am Fenster stand, es an ihm deshalb nur drei Plätze gab und ich mich nicht immer dazudrängen konnte. Der Platz neben dem Kühlschrank war leider auch Vaters Lieblingsplatz, weshalb ich oft von dort verjagt wurde. Ich setzte mich dann zum Zeichen des stummen Protestes entweder in die Ecke auf die Bohnermaschine oder an das Spülbecken. Unter ihm gab es einen Schrank, in dem ich als Sechsjähriger meinen größten Schatz aufbewahrte: einen Werkzeugkasten mit einem echten Hämmerchen, einem Hobel, einer Zange, einer Feile, einem Schraubenzieher und einem Handbohrer. Von diesen Schätzen machte ich in der Regel ehrbaren Gebrauch (indem ich z. B. einen Besen auf dem Stiel befestigte), obwohl es auch andere Verwendungen gab. Eine Maurerkelle, mit der ich eines Tages die Hausfassade sorgfältig mit Schlamm bestrich, wurde von Mutter als kein geeignetes Geschenk für ein Kind angesehen.
Über dem Kühlschrank hing eine Uhr, zunächst mit einem Zifferblatt aus weißer Fayence, später eine Kuckucksuhr, die Vater aus Berlin mitgebracht hatte, zusammen mit einer Menge unnützer Dinge, die »einmal nützlich sein werden« (Werkzeug, Farbe, Ersatzteile fürs Auto), denn zu

den Lieblingsgeschäften in Berlin, in sich denen Vater rettungslos verlor, gehörte der Baumarkt »Bauhaus«.
Bis in die Mitte der Siebzigerjahre gab es im Haus kein Gas, weshalb im Winter im Keller Feuer in einem klassischen Ofen brannte, in dem wir mit Koks heizten (wenn es welchen gab).
Über dem Küchenherd hing oft ein weißer, bauchiger Sack, in dem Oma Käse machte. Das Waschwasser wurde in großen Töpfen auf dem Herd erhitzt, was dazu führte, dass ein Bad zu einer beachtlichen logistischen Unternehmung wurde. Im Winter war ich davon nicht begeistert, denn unabhängig von den getroffenen Vorbereitungen klapperte ich mit den Zähnen. Ich hockte mich in eine Schüssel, die in der Badewanne stand, und begoss mich nach dem Einseifen mit dem lauwarmen Wasser aus einem kleinen Topf. Später tauchte im Badezimmer ein elektrischer Badeofen auf, doch zu einer wahren Freude wurde das Baden erst mit dem Gasofen, mit dem die Ära der Schüssel und des kleinen Topfes definitiv der Vergangenheit angehörten.

Das Obergeschoss

In den ersten Stock führte eine mit Terrazzo ausgelegte Treppe. Wenn Vater sich die Schuhe anzog, setzte er sich oft auf die fünfte oder sechste Stufe, da sich dort ein Fenster mit Ausblick in den Garten befand. Als kleiner Knirps begleitete ich ihn bei verschiedenen Bestandteilen der Morgentoilette. Als ich kaum drei Jahre alt war und auf der Treppe saß, führte ich regelmäßig ein Gespräch mit ihm, das von Vaters grenzenloser Geduld zeugte:
– Was macht Papa?
– Papa sitzt auf der Treppe und zieht sich die Schuhe an.
– Und Tomek?
– Tomek sitzt neben Papa und fragt ihn, was er macht.
– Und Papa?
– Papa antwortet, dass er sich die Schuhe anzieht.
– Und Tomek?
Und so in einem fort. Nebenbei bemerkt weiß ich nicht, wie es gekommen ist, dass ich schon in früher Kindheit Vater in der dritten Person ansprach, denn ich denke nicht, dass das jemand von mir verlangt hat. Wie dem auch sei, es hat sich ein Leben lang gehalten, ich habe Vater jedenfalls nie geduzt.

Im ersten Stock befand sich ein Flur mit einem Fenster und eine winzig kleine Kammer mit einer sehr schrägen Decke, direkt unter dem löchrigen Dach, von dem ständig die Dachziegel fielen. In dieser Kammer wohnten eine Zeitlang unsere Haushälterinnen, unter anderem Stasia Placek.[1] Später stand hier Mutters kleiner Schreibtisch und darüber ein Bild, das angeblich eine Sepulke darstellte, womit ich schon in der Kindheit von Grund auf nicht einverstanden war, da das gemalte Objekt an ein Segelschiff erinnerte. Schöpfer des Werks war ein Schützling von Noemi Madejska, die fast direkt gegenüber von uns wohnte, und zu deren Buch über die Malerei von Schizophrenen Vater ein Vorwort geschrieben hatte. Mutter und ich residierten im Raum neben Vaters Arbeitszimmer. Die südliche Seite des Raums war schon in den Sechzigerjahren mit einer bunten, schwarz-grau-gelben Schrankwand zugebaut worden. Es gab hier eine Couch und ein Klappsofa sowie ein Regal, an dem ich meine Hausaufgaben machte und von dem immer wieder die als Tischplatte dienende Sperrholzklappe abbrach. Über Mutters Bett hing aus Steingut oder Ton eine Figur der Muttergottes in einem dunkelgrünen Kleid, die wir die Selbstzerbrechende oder Oftbrechende nannten, weil sie bei intensiven Kinderspielen auf dem Boden landete und geklebt werden musste. Neben der Muttergottes hing ein Bild, das ein Stillleben mit einer übernatürlich großen rosafarbenen Blume darstellte. Vater erzählte mir manchmal Märchen, und diese Blume spielte darin eine wichtige Rolle, denn sie war der geheime Zugang zum Königreich der Zwerge. Es waren Zwerge, denen sicherlich Sir Karl Popper zugejubelt hätte. Sie konnten mit Zaubereien nichts anfangen und kannten sich bestens mit Technik aus, insbesondere mit der aus den Romanen von Jules Verne. Und so bewegten sie sich mit Ballons oder U-Booten über die Erde und kämpften gegen Drachen und andere Raubtiere, die das idyllische Märchenleben störten. Diese Geschichten waren kein fernes Echo der *Robotermärchen* oder der *Kyberiade*, sondern sie entstanden spontan, wahrscheinlich genauso wie die Diktate, mit denen Onkel Staszek einige Jahre vorher dem Neffen seiner Frau die Grundsätze der Orthographie eintrichtern wollte.

---

1 Nicht alle Haushälterinnen passten zu den Lems, denn über die Vorgängerin von Stasia Placek schrieb Vater im September 1961 Folgendes an Sławomir Mrożek: »Zosia ist von unserer Psyche versifft worden, die Läuse der Hysterie haben sie überfallen, verbiesterte Fliegen haben sich in ihrer Nase eingenistet, und es scheint, dass wir sie aus dem Laden fortbringen und wegschießen müssen.«

Im Gegensatz zu den Diktaten ist von ihnen aber leider keine Spur geblieben. Zu meiner Rechtfertigung dafür, dass ich sie nicht für die Nachwelt festgehalten habe, kann ich nur reuig erklären, dass ich in der Zeit, als ich mit angehaltenem Atem den Geschichten vom Gefährlichen Drachen und seinen unerschütterlich an den Empirismus glaubenden Gegnern lauschte, noch nicht schreiben konnte.

Kapitel 8
Das Arbeitszimmer

Vaters Arbeitszimmer hatte etwas Magisches an sich. Alle Wände waren mit Regalen zugestellt, deren Bretter sich unter der Last der Bücher bogen. Gegenüber der Tür, zwischen den Beinen des Bettes, stand auch ein Regal, und zwar quer, weil es anders nicht passte.
Der Schrank links enthielt die Schätze: Es gab dort eine verglaste Vitrine mit verstaubten Gläsern sowie einen Flaschenöffner für das Mineralwasser, mit dem ich oft bewirtet wurde. In der Ecke stand an einem Schachtischchen ein großer Globus, hinter dem ich als blasierter Siebenjähriger stand und aus einer Feuerwaffe auf ein Filmteam schoss, das einen Dokumentarfilm über Vater drehte – übrigens auf ausdrücklichen Wunsch des Regisseurs. Das Team, das wohl aus Jugoslawien stammte, bot Vater eine Zigarette mit Marihuana an. Sie machte keinen größeren Eindruck auf ihn und zerfiel nach vielen Jahren aus Altersschwäche. In Vaters Arbeitszimmer gab es auch einen Barschrank, dessen Inhalt (Mineralwasser, Aprikosenlikör, Bénédictine) aufgrund eines Spiegels viel üppiger aussah. Hinter einer Klappe befand sich ein Vorrat an Halwa, Marzipan, Schokolade und anderen nützlichen Dingen wie Schraubenschlüssel, Schrauben, Büroklammern, alte Fotos und Ansichtskarten, die verschiedene Bilder zeigten, je nachdem, in welchem Winkel man sie betrachtete, ein Vergrößerungsglas, Briefmarken, ein Hefter für Heftklammern, Muttern, Schrot für die an den Wänden hängenden Luftdruckpistolen (in die er hineinpasste oder auch nicht), Draht von unterschiedlichem Durchmesser und unklarer Bestimmung, ein Locher, Magneten, ein Bumerang, zahlreiche Taschenmesser, Feuerzeuge, ein Elektromotor für eine Nähmaschine, Kugelschreiber und Füllfederhalter, die in der Regel nicht schrieben. Die Krönung dieses Königreichs war eine Sammlung von Modellautos sowie ein nicht allzu großer Roboter, der, wenn man ihn mit einem Schlüssel aufzog, losmarschierte, sowie eine elektrostatische Maschine, die wunderbare, mehrere Zentimeter lange Funken erzeugte und zwei stattliche Leidener Flaschen aufwies.

Das Arbeitszimmer

»(…) Ich bin hin und hergerissen zwischen der Schreibmaschine und den großen Projekten meines Sohnes, denn die Bastelleidenschaft hat ihn ergriffen, vielmehr die Leidenschaft, verschiedene Erfindungen zu machen, und wir bauen, wann immer ich kann, interessante Geräte, jetzt beginnen wir einen Elektromotor, der auf dem alten Konzept einer Spule basiert, die einen Eisenkern aussaugt, sie schaut aus wie eine alte Dampfmaschine von Watt, mit einer Balancierstange. Tomasz hat verschiedene Dinge (eine Wimshurstmaschine, eine Dampfmaschine), aber jetzt verachtet er alles, was er nicht mit eigener Hand gebaut hat, und ich muss mich sehr anstrengen, um ihn nicht zu enttäuschen, z. B. habe ich mich im LÖTEN geschult.« (*Aus einem Brief an Władysław Kapuściński, November 1975*)

Es sieht so aus, als wollte er sich vor Professor Kapuściński nicht brüsten, dass er in freien Minuten leidenschaftlich an der Kurbel *seiner* Wimshurstmaschine drehte. Dadurch füllte er die Leidener Flaschen mit statischer Elektrizität, und anschließend betrachtete er mit großer Befriedigung die zwischen den Elektroden hin- und herspringenden Funken. Manchmal legte er, des besseren Effektes halber, ein Stück Papier dazwischen oder mit Spiritus getränkte Watte, was vor allem bei niedriger Luftfeuchtigkeit zu malerischen Minifeuern führte. Doch es ist nett zu lesen, dass ich als Siebenjähriger von Vater zum Besitzer und Verwalter des elektromechanischen Königreichs mit der Dampfmaschine an der Spitze gekürt wurde, der ich mich in Wirklichkeit ohne Vaters Hilfestellung überhaupt nicht nähern durfte.

Die Wimshurstmaschine war tatsächlich schön, aber das Schicksal wollte es, dass in den Neunzigerjahren, also lange nach Vaters »Kurbeln«, ihr Antriebsriemen riss und die Bürsten so sehr abgenutzt waren, dass man kaum mehr etwas aus ihr herausholen konnte. Dadurch entstand die Gelegenheit, Vater ein Geschenk zu machen, das ihn wie nur wenige andere vollauf zufriedenstellte. Als ich in einem Geschäft für Schulartikel eine neue, jungfräuliche Maschine erstand, war die Verkäuferin misstrauisch, weil sie mich vielleicht für einen Terroristen hielt, der eine schändliche Verwendung der geheimnisvollen grünen Ebonit-Scheiben beabsichtigte. Dies brachte mich auf den Gedanken, dass Privatpersonen offensichtlich selten ein unwiderstehliches Verlangen aufweisen, elektrostatische Ma-

Das Arbeitszimmer

Abb. 21: Vater und Sohn im Arbeitszimmer, 1973

schinen zu besitzen. Vor allem wenn man es mit den gewöhnlichen Namenstagsgeschenken vergleicht, etwa mit den wenigen Büchern, die er noch nicht gelesen hatte, mit Süßigkeiten oder Diabetiker-Konfitüre, bereitete Vater dieses Geschenk eine ganz besondere Freude.
Zwischen anderen vermeintlich unnötigen Gerätschaften wie einer quietschenden Gummibanane nahm diese Maschine in seinem Arbeitszimmer einen Ehrenplatz ein, und als ich eine Version der Vater gewidmeten Internetseite konzipierte, verwendete ich sie als Hintergrundmotiv. Ich glaube, dass die Wimshurstmaschine sich auch in dieser Rolle sehr gut bewährt hat.
Ein weiterer Teil seiner Schätze befand sich in dem mit grünem Tuch bedeckten schwarzen Schreibtisch, und auch wenn er nur selten das fand, was er gerade brauchte, so war die Anziehungskraft der Schubladen voller Schätze ungeheuer. Sie lockten mit einem russischen Benzin-Feuerzeug mit einer Spieluhr, die *Pust' wsjegda budet solcne* (Immer lebe die Sonne) spielte, einem hölzernen Federkästchen mit echten Stahlfedern, Panzer- und Flugzeugmodellen, einem Miniaturauto von James Bond, das einen Mann, der Bond mit der Pistole bedrohte – gewiss ein KGB-Agent – durch ein aufklappbares Dach in die Luft schießen konnte. Wenn es notwendig

Das Arbeitszimmer

war, konnte Agent 007 die Rückscheibe mit einer kugelsicheren Bleischeibe schützen oder mit raffiniert aus den Rädern ausfahrenden Klingen die Reifen in den ihn verfolgenden Autos der Bösewichte zerschlitzen. Den zentralen Platz unter einer an den Tisch geschraubten Klemmleuchte nahm zwischen Bücherstapeln und Typoskripten eine Schreibmaschine ein, die eine ziemlich robuste Konstruktion gewesen sein muss, denn auf ihr entstanden nicht nur die meisten von Vaters Romanen, sondern auch ich tobte mich als Kind manchmal auf ihr aus – mit seiner Billigung, wenn auch ohne deutliche Aufmunterung von seiner Seite. Man konnte auf dreierlei Weise schreiben: mit Papier, mit Papier und Blaupapier oder ganz ohne Papier. Die letzte Methode war nicht gerne gesehen, weil die Walze dadurch verschmutzte.

Vater stand jeden Tag gegen vier Uhr morgens auf, manchmal sogar früher. Vom Morgengrauen an erfüllte das Geräusch der hämmernden Schreibmaschine das Haus. Es kam vor, dass Mutter hinter dem Haus auf der Wiese Texte verbrannte, die nach Vaters Meinung in eine Sackgasse geraten waren, weshalb man im Archiv heute vergeblich nach unvollendeten Manuskripten sucht. Da ich über kein »Vergleichsmaterial« verfügte, war ich mir nicht darüber im Klaren, dass dieses Hämmern hinter der Wand nicht das täglich Brot anderer polnischer Kinder war. Im Gegenteil, ich wusste schließlich, dass in unserer Siedlung zwei Häuser weiter der Literaturprofessor Jan Błoński lebte, der für mich ganz einfach ein hochgewachsener Herr mit einer etwas piepsigen Stimme war, ein völlig unschädlicher Mann, im Gegensatz zu seiner Frau, die meiner Mutter mehrfach auseinandersetzte, dass beim Kleinen ein richtiges Zudrücken der Nase in Verbindung mit einem eisernen Griff um den Kopf es ermögliche, ihm jeder Arznei einzuflößen, selbst die abscheulichste.
Ich wusste also, dass es auf der Welt Literaten gibt, Literaturprofessoren, Herrn Z. – einen Nachbarn mit goldenem Händchen, der Autos reparieren konnte (so jemand war in der Volksrepublik Polen unentbehrlich) – sowie Bergleute. Über diese hatte ich nur in der Schule gelernt, denn in dem Krakauer Vorort suchte man sie vergebens. Dennoch wusste ich, dass sie für das Land wichtig waren, da wir Gedichte über sie lasen, sie in ihren Galauniformen malten und Lieder über sie summten. Zwar sagte das unsere Klassenlehrerin nie direkt, aber die volkspolnische Schule ließ nicht den geringsten Zweifel daran, dass sie wichtiger waren als die Vertreter

der sog. arbeitenden Intelligenz – und zwar alle zusammen. Vater bereitete meine damalige Weltsicht gewiss Sorgen, vor allem aber die schlussendliche, vermutliche, aber sicher baldige Aufnahme meiner Person in die Reihen der kommunistischen Janitscharen, was ich aus seinen Briefen dieser Zeit weiß. Doch damals unternahm er keine Versuche, meine Weltanschauung zu korrigieren, und drückte seine Unzufriedenheit nicht so aus, dass ich etwas davon mitbekam.

Vater gehörte in Volkspolen »nie irgendetwas an« und vermied es prinzipiell, sich politisch zu engagieren. Allerdings unterschrieb er zum Beispiel 1976 den Protest dagegen, dass die »führende Rolle« der Polnischen Vereinigten Arbeiterpartei sowie die »Freundschaft mit der UdSSR« in die Verfassung aufgenommen werden sollten. Später schrieb er unter dem Pseudonym »P. Znawca« für die Pariser Exilzeitschrift KULTURA. Ihm war es auch zu verdanken, dass ich fast in die große Politik geriet, und zwar außergewöhnlich zeitig, da ich damals etwa drei Jahre alt war.

Eines Tages läutete das Telefon. Ich nahm das Gespräch unverzüglich an.
– Hier spricht der ZK-Sekretär Franciszek Szlachcic. – Im Hörer war eine starke, männliche Stimme zu vernehmen.
– Und hier spricht Tomek – sagte ich resolut.

Zu Beginn der Siebzigerjahre, als sich die Kattowitzer Clique von Gierek in Warschau breitmachte, besetzten die neuen Herren die Posten der vorhergehenden Mannschaft mit ihren Leuten. Neben den »eigenen« Ministern, Woiwoden, Sekretären sowie Direktoren staatlicher Schlüsselbetriebe war es auch wichtig, »seine« Künstler zu haben, auch Literaten. Deshalb der Anruf von Szlachcic, der Lem als »noch ungebundenen Schriftsteller« betrachtete und dem so schnell wie möglich entgegenwirken wollte, indem er Vater eine Fahne für einen 1. Mai-Umzug in die Hand drückte oder ihn auf andere Weise zu einer Stütze des Systems machte. Vater stimmte natürlich nicht zu, diese Rolle zu spielen. Später soll Szlachcic gesagt haben, dass »wir Lem nicht geholfen haben« (bei seinen Erfolgen im Ausland), und fügte hinzu: »wir haben ihm sogar ein bisschen geschadet«. Nebenbei gesagt machte ich meinen Eltern damals Vorwürfe, dass sie nicht an den 1.-Mai-Kundgebungen teilnahmen, weshalb auch ich nicht an einem so netten und angenehmen Ereignis teilnehmen konnte (wie es in der Schule hieß). Und so ist es bis heute geblieben – obwohl ich als Dreijähriger mit einem ZK-Sekretär gesprochen habe, war ich nie bei einem 1.-Mai-Umzug, und alles wegen Vater.

Das Arbeitszimmer

Die Gäste

Vaters häufigster Gast war neben Jan Błoński – den sich die Figur Baloyne in *Die Stimme des Herrn* zum Vorbild nimmt – sein engster Freund Jan Józef Szczepański, mein Patenonkel. Wenn er zu uns kam, lud ich mich meistens selbst in Vaters Arbeitszimmer ein. Ich muss mit Reue gestehen, dass ich dies aus niedrigen Beweggründen tat. Es ging nicht um die Gespräche der beiden Herren (die hauptsächlich die Lage der polnischen Literatur betrafen, die in den Schraubstock der »kleinen Stabilisierung« unter Gierek eingezwängt worden war), sondern darum, dass ich mit Mineralwasser bewirtet wurde. Die größte Attraktion war jedoch Jan Józef Szczepańskis Pfeife. Eine Pfeife war bei uns zu Hause etwas Exotisches, meine Eltern rauchten nur Zigaretten, Marke Salem mit Menthol, wodurch ich später in der weiterführenden Schule in Wien viel Schmach ertragen musste, weil die für Hygiene zuständige Krankenschwester meinen Beteuerungen keinen Glauben schenken wollte, dass meine Eltern Ärzte sind, wo sie doch rauchten:
– Ärzte rauchen keine Zigaretten – sagte sie mit eisiger Stimme vor der gesamten Klasse und schaute mir direkt in die Augen, damit ich mir keine Hoffnungen machte, dass sie meinen beklagenswerten Versuch nicht bemerkt hatte, meinen gesellschaftlichen Status anzuheben.

In den Sechziger- und Siebzigerjahren suchte Vater manchmal Szczepański in Kasinka bei Krakau auf. Formal gesehen hatten die (zusammen mit Basia unternommenen) Ausflüge nach Kasinka den Zweck, Pilze zu sammeln, doch die Anzahl der Schüttelreime im Gästebuch, in das sich die Besucher in Kasinka eintrugen, zeugt davon, dass er es dem Pilzesammeln gegenüber vorzog, sich mit einem Buch und dem Füller in der Hand in eine Ecke zurückzuziehen – zumindest dann, wenn die Reizker über die Steinpilze dominierten:

> Wenn mich Reizker ziehen an,
> geniere ich mich nicht,
> dass ich Reizker nicht leiden kann,
> denn was tut mir so ein Wicht?
> Doch ein Lied entringt sich bald
> durch meine Sandale,

Das Arbeitszimmer

Abb. 22: Zu Besuch bei Jan Józef Szczepański in Kasinka, 1959

    wenn ich mitten im Wald
    über einen Steinpilz falle. (…)
    (August 1963)

Unter Vaters Werken aus Kasinka finden sich auch Werke, die auf Szczepańskis zahlreiche Reisen anspielen, mit der ganz besonderen Hippie-Land-Folklore der Sechzigerjahre im Hintergrund, so ein *Sonett*, in dem er sich an Szczepański (»Jasiu«) wendet, der »durch der verrückt gewordenen Menschheit Kreis / Jagst, bis Deine Seele zurückfliegt« (*Juni 1962*). Andere in Kasinka entstandene Werke handeln von der Metaphysik:

    Yasiu! Wenn selbst Hinayana schwindelt
    Und wir uns treffen, um uns die Hand zu schütteln
    Du mit ganzer Seele in Deiner Syrenka sitzend
    Und meine Person in eine Rakete gekleidet
    Beide wie Geister, blass mit seltsamer Schönheit
    Unter den Wundersamen Ewigkeiten der Parkplätze
    Von Ferne ganz ähnlich den Wikingern
    Und von Nahem die Ewige Schokolade kauend,
    Dann erinnere ich Dich an den Julitag,

Das Arbeitszimmer

> Als wir, nicht wissend, wo der Speck in der Pfanne,
> Heimlich in Kasinka Ping-Pong spielten
> Und in der Ferne dräuten die Bergschluchten. (*30. Juli 1964*)

In späterer Zeit tauchen in Vaters Gedichten Feststellungen über generationelle Veränderungen auf. Bei der Lektüre eines weiteren Poems kann es hilfreich sein zu wissen, dass ich damals fünf Jahre alt war, denn es beginnt: »Gestützt auf die Schultern meines Tomek / Kroch ich ohne Furcht (…)«. (*31. August 1973*)

Es bereitet mir ernstlich Schwierigkeiten, andere Personen als Szczepański und Błoński zu nennen. Denn Vaters Büro sah so viele Menschen, dass jeder Versuch, alle Namen aufzuschreiben, sehr an ein umfangreiches Zitat aus einem Telefonbuch erinnern würde. Gleichzeitig führten Vaters misanthropische Neigungen dazu, dass die Gruppe seiner engsten Freunde sehr klein war – Vater setzte auf Qualität. Und so erinnerten die Besuche von Gästen, die nicht zum engsten Kreis gehörten, an Reisen zu einem weisen Einsiedler, der sich nach längeren Überredungskünsten – oder auf dem Weg der Überrumplung – einverstanden erklärte, den müden, oft aus weiter Ferne eintreffenden Wanderer hereinzulassen, zu bewirten und zu erleuchten. Die Gäste kamen tatsächlich von weit her. Zum Beispiel tauchte ein Jahr vor Verhängung des Kriegsrechts, kurz vor Weihnachten, also in einer Zeit, in der in den Geschäften ein vollständiges Lebensmittelvakuum herrschte, vor der Haustür unangekündigt eine junge Australierin auf. Sie hatte kein Geld für ein Hotel, sprach kein Polnisch und wusste nur, dass in der ulica Narwik *a famous science fiction writer* lebt. Die Australierin beherbergten wir über die ganzen Feiertage, und da wir aufgrund sprachlicher Verständigungsschwierigkeiten nicht erfuhren, wie sie hieß, nannten wir sie Adelaide, denn aus dieser Stadt stammte sie. Das größte Unglück war jedoch nicht das Verstehen, sondern das Verköstigen des Gastes vom anderen Ende der Welt. Eine gewisse Hilfe war der Besuch der Kalbfleisch-Frau, doch so oder so war die Attraktion dieses Weihnachtsfestes eine Butterbrottorte, die Mutter vor Verzweiflung aus Brot, Sardinen und weißem Käse herstellte. Es ist ungewiss, ob Adelaide später in der australischen Presse die polnische Käse-Sardinen-Tradition zu Weihnachten beschrieben hat – jedenfalls ist das Entstehen eines solchen Artikels nicht auszuschließen.

Das Arbeitszimmer

Zu den Gästen, die am einfachsten einzuordnen sind, gehörten vor allem die Verrückten. Damit man mir nicht vorwirft, dass ich ein abschätziges Wort verwende, möchte ich betonen, dass es sich um ein Zitat handelt. Denn unter den Dutzenden Mappen mit Korrespondenz hatte Vater eine besonders gut gefüllte, die er mit diesen Worten beschriftete.

> »Vielleicht würde ich etwas schreiben und nicht ein halbes Jahr lang an einem kleinen Bändchen kritzeln, so wie jetzt, wo mir alleine die Korrespondenz die Hälfte des Lebens frisst. Und denke nur, verschiedene Lümmel aus der ganzen Welt schicken mir ihre Pasteten zur Begutachtung, und irgend so ein Schwarzer aus den USA hat einen Roman geschickt, ein Manuskript von 4,2 kg Gewicht, Ehrenwort, und im März so ein DDR-Deutscher – heute hat er ein Monitum gesendet, dass ich nicht geantwortet hätte, dass ich ihm sein Werk rezensieren möge, und jemand aus Skawina kommt und plagt mich, da er eine Geschichte seiner Familie schreibt, und ein Haufen Verrückter, denen es scheint, als würden ihnen kosmische Zivilisationen in der Nacht etwas ins Ohr flüstern, sie alle sausen zu Lem.« (*Aus einem Brief an Aleksander Ścibor-Rylski, Mai 1976*)

Die meisten Verrückten stellten zunächst brieflichen Kontakt her. In den manchmal mehrere Dutzend Seiten langen Briefen beschrieben sie ihre Erfindungen in allen Einzelheiten. Es kam vor, dass sie mit Bitterkeit dunkle Mächte erwähnten, die Verschwörungen aushecken, um die Anstrengungen der sozialistischen Planwirtschaft zu vereiteln – zum Bau einer modernen Raumstation, einer Falle für Außerirdische, eines Teilchenbeschleunigers am Äquator, von Betrieben zur Herstellung eines Perpetuum mobile und anderer nützlicher Dinge.

Vater, der sein durchaus ehrenwertes Bedürfnis, anderen gute Ratschläge zu erteilen, nicht hemmen konnte, antwortete manchmal leichtfertig auf derartige Briefe und wunderte sich dann unmäßig, wenn schon am nächsten Tag der jeweilige Erfinder an die Tür klopfte. Gut, wenn er kein großes Paket mitbrachte, in dem sich ein in Zeitungspapier eingewickelter, eigenhändig angefertigter, beunruhigend stabiler Tomahawk befand. Zum »Erstkontakt« mit den unangekündigten Gästen wurde – ohne Rücksicht darauf, womit sie bewaffnet waren – meistens Mutter geschickt, doch trotz ihrer intensiven diplomatischen Bemühungen gingen diese Besuche nicht immer gut aus, denn die Erfinder waren zuweilen hartnäckig. Charakterstudien einiger dieser Gestalten finden sich in den Texten, die von den Gästen des Professors Tarantoga erzählen.

Die Wahrnehmung des Phänomens Stanisław Lem durch Personen, die engere Kontakte beruflicher Natur mit ihm aufnahmen, also Journalisten, Verleger, Fotografen und Filmteams, rief in mir immer eine Mischung aus Verwunderung und Belustigung hervor, auch wenn man sagen muss, dass Vaters Verhalten manchmal ziemlich stark von den Prinzipien abwich, die man als Savoir-vivre bezeichnen könnte. Einige dieser Verhaltensweisen halte ich für gerechtfertigt, zum Beispiel wenn Vater ein Buch direkt aus der Druckerei abholte und bei der Durchsicht des Inhaltsverzeichnisses feststellte, dass die Redaktion *Ciemność i pleśń* (Nacht und Schimmel), den Titel einer Erzählung über künstlich erzeugte bakterienähnliche Organismen, die Materie vernichten, kreativ in *Ciemność i pieśń* (Nacht und Gesang) verändert hatte.

Den Berichten einiger Personen zufolge war eine Begegnung mit Lem ein aufreibendes Ereignis angesichts der ungemein ernsthaften Atmosphäre, zu der sich die Ungeduld des Hausherrn gesellte. Bei Besuchen von Personen, die Vater nicht kannte, spielten unbeabsichtigte Unzugänglichkeit und Schroffheit die erste Geige. Besonders verstörend war die Kritik an Fragen, die Journalisten stellten. Wenn Vater die angesprochenen Themen für unwesentlich hielt, informierte er seinen Gesprächspartner darüber ohne viel Federlesens und stellte sich anschließend selbst eine Frage, die man seiner Meinung nach unter den gegebenen Umständen hätte stellen müssen, woraufhin er sich sofort anschickte, darauf eine möglichst erschöpfende Antwort zu geben. Manchmal erwähnte er am Rande, dass so erschöpfende Antworten geradezu nach einer Entlohnung schrien, weshalb er in nächster Zukunft einen besonderen, an den Tisch geschraubten Taxameter besorgen würde – Vater würde sprechen und das Gerät ticken und damit das Honorar bemessen. Seinen Gästen setzte er auch zu, indem er unüberlegt gemachte Versprechen konsequent und mitleidlos einforderte. Einem Filmteam, das versprochen hatte, seine Ausrüstung innerhalb von zwanzig Minuten aufzubauen, wollte er androhen, es aus dem Haus zu werfen, als der mit der Uhr in der Hand abgemessene Zeitpunkt nicht eingehalten wurde. Ein ähnliches Schicksal konnte einen verängstigten Fotografen treffen, der erklärt hatte, das Porträtfoto würde in einer halben Stunde fertig sein. Dieses »Hinauswerfen« oder »Die-Treppe-Hinunterstoßen« hatte freilich einen allegorischen Charakter,

doch die von Vater in seinem Zorn überstürzt ausgesprochenen Worte besaßen eine Kraft, über die er sich nicht im Klaren war.
Wenn er an offiziellen Feierlichkeiten teilnahm, so bargen solche Ereignisse das Risiko, mit unkonventionellen Verhaltensweisen einherzugehen. Die engste Familie hätte sich manchmal am liebsten unter dem Tisch verkrochen und wäre dort gerne bis zum Ende der Feierlichkeit geblieben. Einmal kam bei einem Empfang ein bekannter Journalist mit einem Tellerchen in der Hand auf Vater zu. Vater war ihm gegenüber wegen einer kritischen Veröffentlichung von tiefem Groll erfüllt, weshalb er sich nicht zurückhalten konnte und ihn mit den Worten begrüßte:
– Möchten Sie etwa, dass ich Ihnen in die Torte spucke?
Professor Jerzy Jarzębski, Literaturhistoriker, Kritiker und der bekannteste polnische Lemologe, wurde von Vater eine Zeitlang reserviert behandelt, da er ihn – völlig zu Unrecht, wie sich später herausstellte – verdächtigte, dass er beabsichtige, auf ein einträgliches Angebot einzugehen, einen Lehrstuhl in Harvard anzunehmen und Polen zu verlassen, wodurch er aufhören würde, sich weiterhin mit Lemologie zu befassen.
Groll und mehr oder weniger begründete Vorhaltungen gegenüber Kritikern, Publizisten, Journalisten und Rezensenten waren ein Grund, die Beziehungen abzubrechen, manchmal für viele Jahre – zum Schaden beider Seiten, wobei sich zumindest manche dieser Trennungen nach einiger Zeit als Missverständnisse herausstellten.
Der Takt und die gute Erziehung von Vaters Gesprächspartnern (die meistens von höchster Qualität waren) führten dazu, dass sich, soweit ich weiß, keine schriftlichen Berichte von diesen Konflikten erhalten haben, obwohl bei einem Treffen zu Vaters erstem Todestag einige der Versammelten, in Erinnerungen schwelgend, diese Konflikte mit Nostalgie, aber vielleicht auch Rührung in Erinnerung riefen.

Besuche in Vaters Arbeitszimmer

In der Kindheit wurde ich von Vater mit Spielzeug überschüttet. Daran wäre nichts Merkwürdiges, hätte Vater diese Spielsachen oftmals nicht viele Jahre vor meiner Geburt gekauft. Während eines Aufenthalts in Russland hatte er zum Beispiel in den Sechzigerjahren ein Flugzeugmodell erstanden, es im Hotelzimmer zusammengebaut, und da er es wegen seiner Ausmaße nicht mitnehmen konnte, hatte er es rasch einem Schriftstellerkollegen geschenkt, mit dem er das Zimmer teilte und der etwas

Das Arbeitszimmer

länger in Moskau blieb. Als ich älter wurde, beklagte er sich, dass sein Sohn nicht mit dem von ihm gekauften Spielzeug spielen wollte. Von da an kaufte er viel weniger davon, doch wenn er auf ein besonders schönes Schiffs- oder Dampflokmodell stieß, konnte er sich nicht zurückhalten. Wenn ich Vater besuchte, begann ich stets mit der geheiligten Frage: »Hat Vater Zeit?« Für mich hatte er in der Regel Zeit. Wir beschäftigten uns mit Geophysik (Vater zeichnete Vulkane), betrachteten anatomische oder astronomische Atlanten, sprachen viel über Planeten, deren Namen ich rezitieren konnte, noch ehe ich in die Schule kam. Vater kritisierte meine Überlegungen nicht, dass die Ringe des Saturns sich immer langsamer drehen, auch wenn es ihn viel gekostet haben muss, über eine Ansicht, die so lästerlich fundamentalen Prinzipien der Mechanik widersprach, zu schweigen. Eigens zu meinem Gebrauch projektierte er ein Fahrzeug, das von Hunden und Katzen angetrieben wurde (und nicht von einem Motor). Einen weiterentwickelten Entwurf stattete er mit einem zusätzlichen Hund und einer Katze für den Rückwärtsgang aus. Beide Fahrzeuge blieben natürlich in der »Entwurfsphase«, während ein großes Beispiel der Aufopferung für seinen Sohn ein von ihm ersonnenes, mit einer Kurbel angetriebenes Modell der Seilbahn auf den Kasprowy Wierch war, das eine Zeitlang zwischen dem Nachttischchen und dem Regal verkehrte – quer durch das Arbeitszimmer, fast direkt über dem Schreibtisch.

Die Austeilung von Süßigkeiten – Marzipan in Schokolade, von Vater »Marzipanbrot« genannt – war mit einem besonderen Ritual verbunden. Vater öffnete den Schrank, nahm ein Taschenmesser heraus, wischte die Schneide an einem Taschentuch ab, wickelte dann in Ruhe und Konzentration ein Stück Marzipan aus dem Zellophan und schnitt zwei Portionen ab – für mich und für sich. Nach einer Weile seliger Stille, vollster Kontemplation wischte Vater mit schwungvoller Bewegung die Brösel in einen Spalt unter der Klappe – im Laufe der Zeit sammelte sich dort ganz schön viel an. Diese Marzipan-Festmahle fanden in einer konspirativen Atmosphäre statt, da – auch wenn man nicht darüber sprach – wir beide uns darüber bewusst waren, dass Mutter die Art und Weise nicht gutheißen würde, wie wir die Brösel loswurden, und auch das Reinigen des Taschenmessers hätte bei ihr Zweifel hervorrufen können.

Das Arbeitszimmer

Abb. 23: Vater und Sohn im Arbeitszimmer, 1973

Zu Vaters Erfindererfolgen gehörte ein eigenhändig angefertigter Elektromotor, inklusive einer Spule, die er mit einer besonderen, durch eine Kurbel angetriebene Maschine wickelte. Was die Sicherheit eines Siebenjährigen betrifft, so war dies keine ideale Konstruktion. Der Motor drehte sich zwar, doch viele seiner unverkleideten Elemente standen unter 110-Volt-Spannung. Der Chronist fügt pflichtschuldigst noch an, dass Vater schon in der Anfangsphase dieses Motorbaus, von seiner Arbeit ganz in Anspruch genommen, meine Anwesenheit ganz und gar vergaß. Als kleiner Knirps begleitete ich Vater bei seiner Morgentoilette in seinem Zimmer. Zum Rasieren mit einem elektrischen Remington, bei dem sich im Zimmer der Duft des Toilettenwassers Old Spice Pre-Electric verbreitete, hörte er verschiedene Musikstücke. Entgegen den in vielen Interviews wiederholten Erklärungen, er sei »taub wie eine Nuss«, sang er nicht nur selbst, sondern mochte klassische Musik, vor allem die Symphonien

Beethovens, Jazz – insbesondere Louis Armstrong und Ella Fitzgerald im Duett, das Kabaret Starszych Panów (und hier das Lied *Przeklnę cię* – Ich werde dich verwünschen) sowie einige Songs der Beatles aus dem Film *Yellow Submarine*.

Zu dem Repertoire, das er beim Rasieren sang, gehörten ukrainische Tschastiwki, kurze humorvolle Volkslieder: über ein Mädchen, das den Geliebten anspuckt, da er sie nicht so anschaut, wie es sich gehört, über einen Liebhaber, der nicht an der Cholera erkrankt ist, obwohl das ganze Dorf an ihr gelitten hat, oder über ein anderes Mädchen, das den Geliebten aus dem Grab holt, um ihn vor der erneuten Beerdigung gründlich zu waschen. Die Melodie, welche die Waschung des Toten beschrieb, war überraschend lebhaft und lustig.

Das sowjetische Lied *Ich kenne kein zweites Land, in dem der Mensch so frei atmet* ergänzten Lemberger Lieder, gesungen mit einem sanften Bariton und mit Lemberger Akzent:

> An einem trüben Regentag
> Gehen sie aus der Zitadelle nach oben
> In Reihen, die Lemberger Kinder,
> Sie gehen, um sich auf Erden zu tummeln.
>
> Schau diese Mannlicher[1] an,
> Nicht jeder Soldat stirbt,
> Vielleicht schaffe ich es gesund zurückzukommen
> Und die (geliebte!) Stadt Lemberg wiederzusehen.[2]

Die Lemberger Aussprache verlangte es, *kuchane* statt *kochane* (geliebte) zu singen, *dieti* statt *dzieci* (Kinder), *świeti* statt *świecie* ([auf der] Welt) usw. Hoch geschätzt war eine Volksballade über Makary (»Es war ein Bauer Namens Makary / Gefräßig bis zum dorthinaus…«), der einer armen Witwe mit einem Kind nicht half, sich überfraß und platzte. Vater interpretierte dieses Werk mit großem Eifer, manchmal durch Lachen unterbrochen. In einem anderen Lied über Ulanen sang er die Passagen eines Mädchens, ohne das Rasieren zu unterbrechen, im Diskant.

---

1 Mannlicher – österreichische Gewehrmarke (Anm. d. Übers.).
2 Das Lied spielt auf die Verteidigung Lembergs 1918 vor den Ukrainern an (Anm. d. Übers.).

Zu den morgendlichen Standards gehörte auch ein Stück über ein Fräulein Franciszka, die zusammen mit dem von den Schwiegereltern in spe abgelehnten Geliebten Selbstmord beging, wobei sie zu diesem Zweck eine Wurst »mit Strychnin« benutzte – Wurst hatte sie jedenfalls genug, da ihr Vater Metzger war.

Die französischen und englischen Lieder stammten direkt aus dem Jazz-Kanon. Eine längere Zeit über war ich überzeugt, dass dies »Standards« der Fünfziger- und Sechzigerjahre waren, die aus nicht näher bekannten Gründen nicht im Radio zu hören waren. Doch zumindest eines dieser Stücke war wahrscheinlich eine Komposition von Vater selbst, zu Robert Burns Gedicht *Fond Kiss*:

> Had we never loved so kindly,
> Had we never loved so blindly,
> Never met or never parted,
> We had never been broken-hearted.

Nach der mit einem Konzert verbundenen Morgentoilette spielten wir manchmal mit Hilfe einer verborgenen Metallplatte mit einer künstlichen Fliege: Man legte sie auf ein Blatt Papier und belebte sie durch einen in der Hand gehaltenen Magneten. Man konnte auch Eisenspäne auf ein Blatt schütten und betrachten, wie sie »aufstehen«, wenn man von unten einen Magneten daranhält, oder schauen, wie sich die Linien eines magnetischen Feldes unter Einwirkung eines längeren Magnetstabs verteilen. Fast täglich prüften wir mit dem Kompass, ob der Norden dort war, wo er auch am Vortag gewesen war, und dann überprüften wir das Ergebnis mit Hilfe eines anderen Kompasses. Das grüne Tuch auf dem Schreibtisch eignete sich, wenn alle Typoskripte und Bücher davon weggeräumt waren, wunderbar, um Flohhüpfen zu spielen, wobei es kein gewöhnliches Spielen war, sondern wir entwarfen komplizierte taktische Kriegshandlungen, die eine durchdachte Strategie benötigten.

Ein ungemein wichtiger Bestandteil der bereits erwähnten, von Hunden und Katzen angetriebenen Fahrzeuge war eine Wurst oder auch ein Käfig mit einer Katze, den man dem Hund zeigte. Die schrittweise Enthüllung des Käfiginhalts diente als Gangschaltung. Denn das Funktionieren dieser neuartigen Entdeckung basierte auf der Annahme, dass ein Hund beim Anblick zweier Katzen schneller rennen würde als bei einer Katze. Eine Situation, in der ein Übermaß an Katzen vom Hund als gefährlich angesehen werden und ihn zum Abhauen bewegen würde, zogen wir nicht in Betracht.

»Es steht so schlimm um mich, dass ich sogar den Drachen, den ich Tomasz aus Berlin mitgebracht habe, vor ihm versteckt habe, und zwar aus Furcht, er würde mir auftragen, mit einer Schnur in der Hand über die Wiese zu rennen, wobei ich gar nicht rennen will – was für eine schreckliche Faulheit ist das, was für ein niederträchtiger Verrat, denn auf die Welt setzen reicht nicht, man muss auch erziehen, also den Drachen steigen lassen.« (*Aus einem Brief an den Übersetzer Virgilijus Čepaitis, Mai 1973*)

Vater überwand seine zeitweilige Schwäche, und gemeinsam ließen wir auf der Wiese hinter dem Haus doch Drachen steigen, obwohl man eigentlich kaum in der Mehrzahl davon schreiben kann, weil ich nicht zu den wichtigen Tätigkeiten zugelassen wurde, also dazu, die Spule mit der Schnur zu halten. Meine Rolle beschränkte sich darauf, den Kopf zu heben und die mehr oder weniger spektakulären Flugkatastrophen zu beobachten, mit denen diese Vorführungen in aller Regel endeten.

»Ich habe Tomek mein Wort gegeben, dass wir nach dem Mittagessen das Haus anzünden würden, und nun muss ich mich an diese Arbeit machen, da er schon auf der Türschwelle mit Watte, einem Lappen und Streichhölzern herumhüpft. Nur ängstige oder freue Dich nicht zu früh, es ist nicht unser Haus, dass wir niederbrennen wollen, sondern ein kleines, aus Zeichenkarton ausgeschnittenes, und löschen wollen wir es mit einem Flughafenfeuerwehrauto, das wir im Mai aus Westberlin mitgebracht haben, mit einem echten Wasserrohr und einem elektronischen Signalhorn. Ich muss also zu diesem Feuer gehen, denn sonst wird mir das Kind wirklich die Hütte in Rauch aufgehen lassen.« (*Aus einem Brief an Aleksander Ścibor-Rylski, September 1975*)

Vater widmete sich inbrünstig dem abwechselnden Anzünden und Löschen des Papphauses, doch es ist leider nicht wahr, dass er wenigstens einmal mit mir spazieren gegangen ist: Dieses potemkinsche Motiv, das regelmäßig auf den Fotos und Filmen dieser Zeit auftaucht, war lediglich eine Reverenz gegenüber den Medienteams aus der ganzen Welt, die ihm Besuche abstatteten. Nach einem dieser Auftritte, in dem Vater in der

Das Arbeitszimmer

Abb. 24: Drachensteigen, 1973

Rolle eines Dompteurs unseres Schäferhundes³ auftrat, lief ich weinend zu Mutter, denn als Vater ausholte, um für den Hund einen Stock zum Apportieren fortzuwerfen, traf er mich damit schmerzhaft am Kopf.
Um den Sohn loszuwerden und für den Fall vorzusorgen, dass er einen wichtigen Text zu schreiben hatte, bereitete Vater umsichtig Tonkassetten vor, auf die er in etwas gekürzter und vereinfachter Fassung die meisten Erzählungen aus dem Band *Kyberiade* aufsprach, wobei ich als Sechsjähriger manchmal zu hören bin (»Vater, was ist ein Ausschnitt?«), zumindest früher war ich da zu hören, denn heute ist auf diesen Dutzende, wenn nicht Hunderte Male abgehörten Bändern kaum mehr geblieben als Rauschen. Am Ende der Kassette mit »dem Märchen aus *Kyberiade*«

---

3 »Bartek, 42 kg Lebendgewicht, ein Viech von schrecklicher Größe, der Kopf wie ein Viertel des Ganzen, ist schon ein Jahr und 2 Monate alt, aber ein bescheuertes Ding, das Gott ihn strafen möge! Jeden Fremden leckt er ab, alle liebt er, er kläfft von früh bis spät. Dieser Hund ist zum Verrücktwerden, und wenn ich zu fluchen beginne wie ein Kesselflicker, rufen Barbara und die Schwiegermutter mir im Chor zu: Du hast ihn selbst gewollt! – angeblich einen Wolf, und tatsächlich wollte ich einen im Andenken an meinen alten Deutschen Schäferhund, den ich früher hatte, doch woher konnte ich wissen, dass wir so einen gutaussehenden Blödmann bekommen?« (*Aus einem Brief an Aleksander Ścibor-Rylski, Mai 1976*)

erklang ein Klirren, und nach einem Augenblick war Vaters Stimme erneut zu hören, allerdings nun aus einer anderen Perspektive, mit Hall. Er spricht hier zu einer größeren Öffentlichkeit, die seine Worte oft mit Lachen und Applaus belohnt. Das ist der einzige Überrest der Vorträge, die Vater in den Siebzigerjahren an der Jagiellonen-Universität hielt, wobei der Grund, weshalb sie aufgenommen wurden, interessant ist: Vater fertigte vor seinen Veranstaltungen keine Notizen an – er sprach »aus dem Kopf«, und erst dann, zu Hause, hörte er die Kassetten ab und schrieb sich die Themen auf, die er schon angesprochen hatte, um sich nicht zu wiederholen. Dadurch entstanden eigenartige Notizen, die alle wichtigen Fragen aufzählten, über die er bei der nächsten Vorlesung NICHT sprechen durfte.

Kapitel 9
Die Siebzigerjahre

»Sehr lange konnte ich mich nicht dazu durchringen, mich für den Besitz eines Kindes zu entscheiden, und zusammen mit meiner Frau hatten wir Widerstände, wie sie Menschen zu eigen sind, die zum einen ans Denken gewöhnt sind und zum anderen die deutsche Besatzung überstanden haben, denn die Welt scheint insgesamt ein zur Aufnahme von Menschen sehr schlecht eingerichteter Ort zu sein, vor allem wenn man gerade solche Erfahrungen gemacht hat, wie sie uns zuteil geworden sind.« (*Aus einem Brief an Michael Kandel, August 1972*)

Mein Erscheinen auf der Welt war insofern ein unklares Ereignis, als Vater keine Kinder haben wollte. Er meinte, dass die Welt grausam und unvorhersehbar sei, er erwartete, dass jeden Augenblick ein Dritter Weltkrieg ausbrechen würde – unweigerlich ein Atomkrieg, weshalb nicht ausgeschlossen war, dass es überhaupt der letzte Krieg der Menschheit sein werde. Unter solchen Umständen einen Nachkommen in die Welt zu setzen, wäre mindestens unvernünftig, wäre der Beleg für einen unbegründeten Optimismus. Wenn man die Spannungen in den Beziehungen zwischen Amerika und der Sowjetunion in den Fünfziger- und Sechzigerjahren bedenkt, so war die Überzeugung von einem baldigen Kernwaffenkonflikt in der damaligen Zeit nichts Vereinzeltes – alle sprachen davon: Otto Normalverbraucher in Polen ebenso wie die eierköpfigen Strategen im Pentagon.

Dass Vater der Aussicht nichts abgewinnen konnte, die Redensart »Eine Atombombe, und wir sind zurück in Lemberg« in die Tat umzusetzen, sollte natürlich nicht so interpretiert werden, als habe er sich mit der Zwangsumsiedlung aus Lemberg nach Krakau 1946 und der »Westverschiebung« Polens nach dem Krieg abgefunden. Vater konnte den Verlust der Heimatstadt nicht verwinden und sagte immer wieder, dass Staaten keine Schränke seien, die man einfach so von einer Stelle an die andere rücken könne. Seine fehlende Begeisterung für die Kernwaffenlösung dieser oder anderer Probleme zeugte schlicht und ergreifend von seinem stark pessimistisch gefärbten Realismus.

Ich weiß nicht, welche Argumente Mutter gebrauchte, um Vaters prinzipiellen Widerstand zu brechen, sie muss jedoch ziemliche Überzeugungskraft besessen haben. Vor allem legte sie unerhörte Ausdauer an den Tag: Meine Eltern hatten 1954 geheiratet, und ich bin 1968 auf die Welt gekommen, also nach vierzehn Ehejahren. Vater war damals schon siebenundvierzig Jahre alt, weshalb ich selbst unter Berücksichtigung der neun Jahre jüngeren Mutter ein spätes Kind war.

Die Umstände meiner Geburt waren ziemlich dramatisch, und zwar nicht unbedingt deshalb – was Vater in diesem Kontext immer erzählte –, weil sich in seinem Fiat 1800 B damals das Getriebe blockiert hatte und er seine Frau mit dem Säugling deshalb mit einem im zweiten Gang heulenden Auto nach Hause brachte. Die Dramatik war tatsächlich vorhanden und politischer, nicht technischer Natur: Mutter gebar mich im März 1968, also genau in der Zeit, als an den Universitäten die Studenten auseinandergeprügelt und ins Gefängnis gesteckt wurden, als man Jagd auf Juden machte und die Volksrepublik Polen von Zionisten säuberte. Vater trug sich damals mit der Absicht, Polen für immer zu verlassen, und eigentlich das einzige Argument dagegen, ein Argument, dass schließlich den Ausschlag dafür gab, in der Volksrepublik zu bleiben, war mein Eintreffen auf der Erde. Die Aussicht, im Westen wieder bei null anzufangen, mit einem Säugling im Arm, also nach der Flucht aus dem sowjetischen Lemberg noch ein Mal zu versuchen, das Leben neu zu beginnen, hielt er für zu riskant.

> »Basia sollte jetzt zu Manövern eingezogen werden[1], aber Tomek hat sie davon erlöst – endlich ist er zu etwas gut«. (*Aus einem Brief an Aleksander Ścibor-Rylski, Dezember 1968*)

Meine frühesten Kindheitserinnerungen hängen nicht mit Vater zusammen und betreffen eigentlich auch nicht direkt Menschen, sondern – wie das meistens beim Erstkontakt mit der Welt der Fall ist – mit erschüttern-

---

[1] Ärzte wurden von Zeit zu Zeit zu Manövern eingezogen, die Geburt eines Kindes galt als Hinderungsgrund.

den Situationen und Ereignissen, zumindest für einen Dreijährigen. Ich erinnere mich zum Beispiel, wie ich auf Omas Bett kraxelte, den Schirm von der Lampe nahm, die Glühbirne herausschraubte und meine Finger in die Fassung steckte – so viele, wie hineinpassten. Und das alles, um dann ein schreckliches Geschrei zu hören – mein eigenes, denn die Fassung stand unter Strom.
Die zweite Erinnerung aus diesem frühesten Zeitraum wurde gewissermaßen ebenfalls durch ein Geschrei gekrönt. Hinter dem elterlichen Haus lief ich über frisch gepflügtes Land zu Herrn Z., einem Nachbarn, der Vater oft das Auto reparierte, und in dessen Garage ich als etwas älterer Junge tagelang saß, und von wo ich neue, exotische, unbekannte Wörter mitbrachte. Herr Z. lächelte, aber das galt nicht mir, sondern Mama, die mich begleitet haben musste, schließlich war ich nicht älter als zwei, drei Jahre. Er lachte immer breiter, also lief ich immer schneller auf ihn zu. Plötzlich türmte sich die umgepflügte Erde vor mir auf, ich reckte den Kopf nach oben, weil Herr Z. aus meinem Blickfeld verschwand, und streckte die Arme aus, um den Druck der Erde abzufangen, die sich auf mich stürzte. Als ich umfiel, spürte ich in der linken Hand einen Stich wie von einer Wespe. Später stand ich im Badezimmer, hielt die Hand sehr hoch, vielleicht stand ich auch auf den Zehenspitzen, um an das Waschbecken zu kommen, und Mutter wusch meine Hand mit kaltem Wasser. Überall war Blut, das nun gleichmäßig nach oben spritzte, da die Flaschenscherbe tief eingedrungen war – und zwar so, dass dort bis heute eine Narbe zu sehen ist. Ich schrie, ganz klar, wie am Spieß, Mutter sagte vielleicht etwas Beruhigendes zu mir, aber mein Schreien übertönte sie. Eigentlich aber auch nicht, denn als ich Mutter viele Jahre später an diese Geschichte erinnerte, meinte sie, dass ich gar nicht geweint hätte, dass ich noch nicht einmal gepiepst hätte, was sie in größere Angst versetzt habe, als wenn ich wie ein Martinshorn geheult hätte. Angesichts dessen muss ich wohl »innerlich« geweint haben, so dass es nach außen nicht hörbar war.
Ich weiß nicht, ob diese Geschichte ein Gespräch zwischen den Eltern auslöste, ob man mich zu einem Chirurgen bringen solle, damit er meine Hand nähe. Vielleicht war das nicht der Fall, vor allem wenn man die Funktionsweise des damaligen Gesundheitswesens kennt, über das sich Mutter – die schließlich Radiologin war – keinen größeren Illusionen hingab. Ich weiß hingegen, dass beide sehr über mein Asthma beunruhigt waren, das im dritten oder vierten Lebensjahr auftauchte, und gegen

das beide je auf ihre eigene Weise angehen wollten. Da beide Ärzte waren (Vater war nur formal kein Arzt, denn um zu verhindern, in die Armee eingezogen zu werden, hatte er die letzten medizinischen Prüfungen nicht abgelegt), hatten beide unterschiedliche Meinungen zu den erfolgversprechendsten Heilmethoden für ihren Kleinen. Dies führte zu widersprüchlichen, stark zentrifugalen therapeutischen Tendenzen. Kurz gesagt kann ich mit Umsicht vermelden, dass ich all diese Behandlungen und Kuren wie durch ein Wunder überlebte – mit Gravitation, dem Großen Bären und dem Herrgott im Hintergrund, wie hier nachzulesen ist:

> »Mit meinem Sohn haben wir kleine Problemchen, er befindet sich nun dauerhaft unter (oralem) ›Penicillin-Schutz‹, wodurch er seit 3 Monaten kein einziges Mal, sapperlott, ernsthaft erkrankt ist, und so entwickelt er sich und beschäftigt sich mit merkwürdigen Problemen, letztens war das Zoff wegen der Gravitation, denn er konnte sie nicht verstehen – UND WER VERSTEHT ES? – frage ich, also verlangt er genaue Erläuterungen, und Vereinfachungen irritieren ihn sehr, natürlich sofern sie sich erkennen lassen. Heute hat er mich bei Tisch mit dem Großen Bären abgeschossen, denn als wir festgestellt haben, wo der Polarstern ist, und das mit der Gabelspitze auf die Tischdecke malen, zeigt er auf die beiden unteren Sterne des Großen Wagens und sagt: ›und diese Räder zeigen den Süden.‹ Das hatte ihm niemand zuvor gesagt. Natürlich noch kein Galilei, aber er ist immerhin erst 4 Jahre und acht Monate alt. Doch die Probleme kommen erst noch, gütiger Gott, meine Frau und ich sind nicht gläubig, aber er ist bestens im Glauben erzogen, und als der Papierkleber aus war, begann er rasch mit gefalteten Händen zu beten, dass der Herrgott ihm etwas Kleber ›runterschicken‹ möge.« (*Aus einem Brief an Władysław Kapuściński, 1972*)

Das Gokart
Gegen Ende der Sechzigerjahre und am Anfang der Siebzigerjahre des letzten Jahrhunderts war Vater regelmäßig in Westberlin, wo er mit seinem Agenten und dem Verlag verhandelte. Von diesen Reisen brachte er duftende Dinge aus dem Westen mit, die man in polnischen Geschäften vergebens suchte.

Die Siebzigerjahre

Abb. 25: Tomasz Lem im Gokart, 1971

»Zu den wichtigsten Sachen, die ich aus Berlin mitgebracht habe, gehören: a) Tinte, die Flecken macht, aber nach einer Minute ist der Fleck weg, b) ein Ei, das auch verschwindet, c) eine Schnur, die, wenn man sie durchschneidet, wieder zusammenwächst, d) ein Ballon mit einem Griff, auf dem mein Sohn wie ein Känguru durch die ganze Wohnung hüpft, e) ein kleines Flugzeug, das wir zu Ostern auf der Wiese haben fliegen lassen, f) quietschende Luftballons.« (*Aus einem Brief an Władysław Kapuściński, 1973*)

Ein geheimnisvoller Apfel, der grün war, so als wäre er reif, lag einige Wochen lang auf der Anrichte in der Küche. Als kostbares Objekt traute sich längere Zeit keiner der Hausbewohner, ihn aufzuschneiden oder anzubeißen. Der Apfel verwunderte uns nicht nur durch seine erstaunliche Farbe, sondern auch dadurch, dass er keine sichtbaren Zeichen der Fäulnis zeigte.

Dank Vaters Fahrten nach Berlin wurde ich auch zum Besitzer eines Fahrzeugs mit vier Rädern und Pedalen, das er Gokart nannte.

Die Siebzigerjahre

Im Dezember 1969 hatte er dies in einem Brief an den Übersetzer Virgilijus Čepaitis erwähnt:

»In Berlin waren die kapitalistischen Blutsauger mir gegenüber unmenschlich nett, wie immer, wenn sie jemanden am Schlafittchen packen, sich jemanden krallen, um ihn danach auszusaugen. Sie haben mir schweres Geld gezahlt, ich habe dann ein Auto gekauft (aber für Tomasz, so ein kleines), habe es im Hotel mit dem Taschenmesser auseinandergebaut, in dieser verdammten Stadt den größten Koffer gekauft und die Teile hineingepackt, und in Krakau habe ich es wieder zusammengebaut – schließlich war ich im Zweiten Weltkrieg Kraftfahrzeugmechaniker! Die leeren Stellen zwischen den Autoteilen füllte ich mit Klopapier in den Farben rosa, hellblau, gelb und orange auf – ist das nicht SCHEUSZLICH?«

Jüngeren Lesern sollte erläutert werden, dass dieses Klopapier im damaligen Polen ein Gut war, das mindestens ebenso wertvoll war wie ein Autochen mit Pedalen.

In Krakau musste Vater ganz schön schuften, um alles wieder zusammenzuschrauben. Nicht ausgeschlossen, dass dabei einige Teile übrigblieben, denn die Autos, deren Vergaser er manchmal am Wegesrand reparierte, spielten ihm oft Streiche – nach der Reparatur fuhren sie flott weiter, doch in der Hosentasche waren einige unnötige und anscheinend nur aufgrund der Verschwendung des Herstellers unter die Motorhaube gelangte Dichtungen, Schrauben und Federn übriggeblieben.

Die größte Enttäuschung nach dem glücklichen Zusammenbau des Gokarts war mein Verhalten. Ich war nicht ganz zwei Jahre alt und konnte weder die Pedale treten, noch legte ich das geringste Interesse an den Tag, dies zu erlernen. Auf den Sitz gesetzt, hielt ich mich nur am Lenkrad fest und schaute mich mit stumpfem Gesichtsausdruck um. Vater erklärte trotz Mutters Protesten, dass aus mir kaum etwas werden würde. Während des Vorfalls mit dem Gokart ist diese Feststellung wohl erstmals über seine Lippen gekommen, aber sicherlich nicht zum letzten Mal.

Kapitel 10
Die Volksrepublik Polen

Die Siebzigerjahre. Das Telefon läutet. Die Schwiegermutter hebt ab.
– Staszek, irgendein Szlachcic für dich! – ruft sie, ohne den Hörer zuzuhalten. – Bist du zu Hause oder soll ich sagen, dass du nicht da bist?

*

In den Fünfzigerjahren vermochte sich mein späterer Vater mit seiner Frau wegen der Kartoffelkäfer zu streiten, die angeblich von den Amerikanern über Polen abgeworfen worden waren. Barbara konnte diese absurde, von der Parteizeitung TRYBUNA LUDU verkündete Information nur belustigen. Ihr Mann jedoch glaubte an alles – schließlich hatte die TRYBUNA sogar ein Foto des imperialistischen Behälters abgebildet, dessen Inhalt die Pläne der (am besten in Kolchosen kasernierten) klassenbewussten Bauern durchkreuzen sollte. Er wunderte sich sehr, als er als Bezieher der großen sowjetischen Enzyklopädie per Post zum eigenhändigen Einkleben den Eintrag *Beringov Zaliv* (Beringsee) erhielt. Mit dieser Seite sollte der Besitzer der Enzyklopädie das Stichwort für den gerade gestürzten Beria ersetzen. Einige Jahre später betrachtete Vater die Mosaike in der Moskauer U-Bahn, auf denen die aktuellen Parteiführer dargestellt waren. In Ungnade gefallene Personen waren verschwunden, und der Schwund war durch etwas hellere Mosaiksteinchen ersetzt. Vater wunderte sich außerordentlich über die dadurch entstandenen Geistersilhouetten vor dem dunkleren Hintergrund.
Diese Geschichten, vor allem die mit den Kartoffelkäfern, sind weder ein glaubwürdiges Kriterium für seinen Geisteszustand noch für seine damaligen politischen Sympathien, denn zeit seines Lebens hatte er Anfälle einer geradezu hanebüchenen Naivität. Ist es nicht so zu erklären, dass er trotz seiner Erfahrungen unter deutscher und sowjetischer Besatzung in den Fünfzigerjahren (gemeinsam mit der ganzen polnischen Literatur) in ein kommunistenfreundliches Fahrwasser geriet, dessen Widerhall sich im Roman *Die Astronauten*, im Band *Sezam* und im Roman *Gast im Welt-*

raum findet? Aus diesem Zustand konnte er sich glücklicherweise rasch befreien, um im nächsten Roman das finstere Bild einer innerlich unfreien Zivilisation zu zeichnen. Vaters Briefe, die er in Polen an seine Freunde im In- und Ausland schickte, lassen trotz aller sprachlichen Verklausulierung keinen Zweifel daran, dass es sich um ein Gefängnis von beträchtlicher Größe handelte, insbesondere für Kulturschaffende, die mit der Sprache arbeiteten (Musiker, Maler und Bildhauer hatten es sicherlich leichter). Auf Papier konnte er seine Beobachtungen nur während seiner gelegentlichen Besuche in Westberlin unverblümt mitteilen. Die Reisen in die freie Welt, nach längeren Behördengängen zur Erledigung der Passangelegenheiten, erinnerten an verzweifelte Sprünge aus dem Wasser, um zumindest für einen Augenblick frische Luft schnappen zu können. In diesen Briefen erscheint das Polen der Gierek-Zeit als totalitärer, wenn auch pragmatischer Staat. In seinen Werken untersagt er es sich, seine Ansichten über die tatsächlichen Ursachen der Probleme in der ihn umgebenden Welt auszudrücken, denn ein Abweichen vom schmalen Grat hätte die Beschlagnahme des Textes bedeutet. Die Briefe wurden geöffnet und gelesen, einige Briefe erreichten ihre Empfänger überhaupt nicht, wobei man heute nur schwer sagen kann, ob dies bewusst geschah oder auf den Schlendrian der Zensur zurückzuführen ist. Die um die Macht kämpfenden Cliquen suchten sich ihre Künstler aus, die eine nicht genauer definierte Rolle einnehmen sollten, irgendwo zwischen Hofnarr, zierender Blume oder Feigenblatt (sie sollten erkennen lassen, dass die Politik ach so viel für die Kultur übrig habe). Dieses »Auswählen« vollzog sich manchmal, ohne dass die betreffende Person etwas davon wusste, und ganz gewiss ohne dass man sie um ihre Erlaubnis fragte. Wenn ein feudaler Protektor stürzte (weil er Fraktionskämpfe im Inland verloren hatte oder Moskau nicht mehr gefiel), durften auch alle, die bislang durch sein Protektorat beglückt worden waren, mit Schwierigkeiten rechnen, selbst wenn sie nur von milder Orwell'scher Sorte waren. Bücher wurden weiterhin gedruckt, aber langsamer, es war schwerer, einen Vertrag für ein neues Werk abzuschließen, und wenn etwas erschien, so nur in niedriger Auflage und ohne dass es dann rezensiert worden wäre. Und was, wenn ein Künstler einen Protest gegen die Kulturpolitik der Partei unterzeichnete? Vorderhand änderte sich auch dann nichts, doch die geschilderten Symptome verstärkten sich, und auf einen Pass wartete man dann einige Jahre lang vergeblich. Anschließend bekam man wieder einen, allerdings

Die Volksrepublik Polen

Abb. 26: Vater Lem auf der Suche nach Kastanien für den Sohn, 1974

erst *nach* dem Ereignis, für das man ihn eigentlich gebraucht hätte – eine Buchvorstellung oder eine Preisverleihung. Das war so ein Katz-und-Maus-Spiel.

»Die Zensur lässt sogar die Bemerkung durchgehen, dass das Buch eines bestimmten Schriftstellers seine Enttäuschung über die Ideale des Kommunismus offenbart! So eine allgemeine Feststellung ist bereits publizierfähig, doch von einem einzigen öffentlichen Wort, das eine Kritik an Russland enthält, kann keine Rede sein. Das Thema Russland ist in seiner Gänze für uns ein unantastbares Tabu. Zudem wissen wir nicht und werden es unter den eingetretenen Umständen auch nie wissen, ob der aktuelle Zustand von Dauer ist, welche deutlichen Grenzen des Publizierbaren es gibt, welche konkreten Konsequenzen bei ihrer Überschreitung drohen, was in einem halben Jahr, in einem Jahr sein wird etc. Das, was heute als völlig straffrei erscheint, kann einmal als Grundlage für repressive Schritte verwendet werden. Aber wie Sie aus dem Gesagten entnehmen, beschränkt sich die Repression nicht auf Gefängnisstrafen. Sie kann ganz unmerklich leicht sein, eine ökonomische Unterdrückung. Denn alle Orte, an denen man als Autor etwas publizieren kann, sind schließlich Eigentum des Staates. Als ich den oben erwähnten Protestbrief unterzeichnete, konnte ich also überhaupt nicht wissen, ob – und welche – schädlichen Konsequenzen dies für mich haben würde. Das ungeschriebene Recht, das uns beherrscht, ist ein launisches Recht, ein Recht von Gnade und Ungnade, ein *lex ad hominem*, und was einen, z. B. mich, ungeschoren lässt, kann für jemand anderen anders ausgehen. Zwar gibt es hier keine Kriminalfälle, aber es sollte auch Ihnen klar sein: Wer ein STILLES Publikationsverbot erhält (wie ein Kritiker [Ryszard Przybylski], der in Artikeln über Dostojewski angeblich Russland besudelt und beleidigt hat, wobei es egal ist, dass er über das ZARISTISCHE Russland geschrieben hat), steht de facto vor der kompletten Vernichtung, denn als freischaffender Schriftsteller kann er von nichts mehr leben, wenn ihm ALLE Redaktionen und Zeitschriften und auch die Massenmedien plötzlich versperrt sind. (Es ist früher vorgekommen, dass die Kollegen einem solchen Menschen halfen, indem sie seine Werke unter ihrem eigenen Namen veröffentlichten, oder dass Redakteure sie auf ihre Verantwortung hin unter einem Pseudonym publizierten, doch kann das für diese Personen unangenehme Konsequenzen haben, selbst wenn man sie vorher nie genau kennt.) (*Aus einem Brief an Michael Kandel*)

Kapitel 11
Die Gesundheit

Eine Reihe von Jahren in meinem Erwachsenenleben habe ich darüber nachgedacht, welche Korrelation zwischen meiner Geburt bestand und der Tendenz, dass Vater etwa in der Mitte der Siebzigerjahre Erzählwerke zunehmend aufgab und es vorzog, »Abkürzungen« einzuschlagen. An die Stelle der Belletristik traten – zu häufig, als dass dies ein Werk des Zufalls sein konnte – Rezensionen nicht existierender Bücher oder Vorworte zu ihnen. Ich vermutete, dass dieser abgekürzte Weg, einen Gedanken für ein Buch darzustellen und sich sofort davon zu distanzieren, oder auch seine Beurteilung »mit kühlem Kopf« nicht nur dadurch zustande kam, dass Vater das Erzählen langweilte oder dass er ungeduldig war – wobei Ungeduld alle von Vaters Vorhaben kennzeichnete, sowohl in der Literatur als auch im Leben. Anfangs sah ich die Ursachen hierfür naiv und etwas narzisstisch in meinem Zurweltkommen, wusste ich doch, dass Vater sich in meiner Kindheit nicht allzu sehr mit mir beschäftigt hatte (»ich persönlich habe mit dem Kind keine Schwierigkeiten, da Basia und Mutter abwechselnd bei ihm schlafen«, schrieb er im Mai 1968 an Aleksander Ścibor-Rylski). Der beredteste Beweis hierfür war, dass ich, als ich zu sprechen begann, eine Zeitlang die weibliche Form verwendete (*byłam*, *zrobiłam* – ich war, ich tat). Allerdings buchstabierte ich als Dreijähriger angeblich den Titel einer Zeitung, die Vater las – PO-LI-TY-KA –, also hat er mir vielleicht das Lesen beigebracht. Mit Sicherheit interessierte er sich für mein Schicksal, sowohl als ich fünf Jahre alt war, als auch später, mit zwanzig, doch beschränkte sich dieses Interesse hauptsächlich darauf, sich Sorgen zu machen – hier war sein Talent ähnlich groß wie beim Schreiben.
Im Sommer 1973, vielleicht auch 1974, beschloss Mutter im Wissen um den Nutzen, ein asthmakrankes Kind ans Meer zu bringen, mit mir nach Ustka (Stolpmünde) zu fahren. Es ist schwer, knapp zu schildern, welche Schwierigkeiten sich damals vor einem Elternteil auftürmten, der mit seinem Kind Urlaub am anderen Ende Polens verbringen wollte. In die

logistische Operation wurden der Polnische Schriftstellerverband (durch eine Buchung in einem Schriftstellerhaus) und die polnische Fluglinie Lot eingeschaltet (da Eisenbahnfahrkarten schon viele Monate im Vorhinein ausverkauft waren). Vater blieb in Krakau und hoffte auf ein wenig Ruhe.

Wegen der schlechten Verbindungen rief Mutter selten in Krakau an, denn erst nach einigen auf dem Postamt verbrachten Stunden war es möglich, ein Gespräch zu bekommen. Einmal sagte ihr ihre Schwester, Staszek sei »irgendwohin gegangen«. Beim nächsten Mal, auch wenn sich das Warten auf die Verbindung bis in den Abend hineinzog, war Vater immer noch nicht da. Schließlich erfuhr sie die Wahrheit: Gleich nach unserer Abreise hatte er sich einer schweren Operation unterzogen – in Kattowitz, da es in Krakau keine entsprechenden Möglichkeiten gab. Er kehrte nach Krakau zurück, doch kam es zu Komplikationen, einem inneren Bluterguss, weshalb er wieder ins Krankenhaus zurückmusste – nach Kattowitz, da die Krakauer Krankenhäuser die Annahme eines »Kattowitzer« Patienten ablehnten. Frau Doktor Madejska und ihr Mann brachten ihn in seinem Auto hin – an einen Tropf angeschlossen –, wodurch sie ihm das Leben retteten.

Mutter beschloss, sogleich nach Krakau zurückzufahren. Die Rückreise mit dem Zug war unmöglich, weil keine Fahrkarten zu haben waren, und auch der Flug konnte nicht umgebucht werden. Mutters Schwester riet ihr am Telefon Folgendes:
– Steh um fünf Uhr morgens auf, wenn Tomek noch schläft. Geh zum Taxistand und frage jeden Taxifahrer, ob er bereit wäre, dich mit deinem Kind nach Krakau zu bringen. Einer wird es schon machen.

Am nächsten Tag brachen wir bei Morgengrauen mit einem uralten weißen Mercedes nach Süden auf. Die Reise dauerte weit mehr als zehn Stunden. Der Wagen erreichte, wenn es hochkam, nach langem Anlauf achtzig Stundenkilometer.

Es ist verblüffend, wie wenig dramatisch diese Erinnerungen sind, selbst wenn man berücksichtigt, dass Mutter es nicht für nötig hielt, mich in die Einzelheiten einzuweihen. In der Welt des Kindes existiert der Tod nicht, und durch das Fehlen eines Bezugssystems nimmt es alles, was ihm widerfährt, als Selbstverständlichkeit wahr – auch die unerwartete Rückkehr aus Ustka nach Krakau, mit einem klapprigen Taxi und einem korpulenten Lemberger am Steuer, der nach der Ankunft kategorisch ein

Bad ablehnte und nur, nachdem er in die Enge getrieben wurde, bereit war, die Füße in einer Schüssel zu benetzen. Da er aus Ustka schon 800 Kilometer und ein paar Zerquetschte bewältigt und noch nie die Tatra gesehen hatte, wollte Mutters Schwester ihn zum Scherz überreden, nach Zakopane zu fahren. Doch er lehnte höflich ab und machte sich am anderen Morgen früh auf den Rückweg.

Vater wurde wieder gesund. Er hatte fünfzehn Kilo abgenommen, doch die größte Veränderung betraf das Geistige. Es ging gar nicht so sehr darum, dem Tod entronnen zu sein, und auch nicht um die Herzlosigkeit, mit der man ihn im Krankenhaus behandelt hatte (der Gewichtsverlust war kein Nebeneffekt der Krankheit und der Operation, sondern der Unterernährung – ein Krakauer in Kattowitz, ohne Unterstützung der eigenen Familie, war in einem Krankenhaus der Gierek-Zeit ganz offensichtlich dem langsamen Hungertod ausgeliefert). Es ist eine relativ kühne Hypothese, aber ich habe den Verdacht, dass sich in alle späteren literarischen Unternehmungen von Vater die Unruhe mischte, dass er es »nicht mehr schaffen« würde, das zu schreiben, was er noch schreiben wollte und sollte. Unter anderem deshalb die Entscheidung, den Weg der »Abkürzung« einzuschlagen, also Zusammenfassungen ungeschriebener Bücher zu verfassen, anstatt die Handlungen auszubauen. Die Rückkehr zum Roman kam erst viele Jahre später, in Wien, und war durch die Umstände bedingt. Aufgrund der schlechten Finanzlage unterzeichnete Vater ausnahmsweise einen Vertrag für ein noch nicht geschriebenes Buch und durchlebte später schwere Augenblicke, da er wusste, dass er nun etwas abliefern musste, aber mit dem Ergebnis immer noch nicht zufrieden war. Verehrer seines Schaffens haben sicherlich bemerkt, dass die ersten Kapitel von *Fiasko* größtenteils aus der Erzählung *Die Kristallkugel* stammen, die in den Fünfzigerjahren in dem später nicht wieder aufgelegten, im Stil des sozialistischen Realismus gehaltenen Band *Sezam* erschienen war. Ich glaube, dass dies zum Teil durch seine fehlende Erfindungskraft bedingt war, er war nicht im Roman-Tempo, und auf diese Weise wollte er sich in einen »belletristischen Zustand« versetzen.

Sylt und Österreich

Vater gelang es meistens, mich mit Mutter in den Ferien fortzuschicken (im Sommer nach Szczawnica und Rabka, im Winter nach Zakopane oder Bukowina), was ihm zwei oder auch vier Wochen Ruhe in Krakau

Die Gesundheit

einbrachte, die er zum Schreiben und zum Bearbeiten der liegengebliebenen Korrespondenz nutzte. Ein oder zwei Mal wurde mir experimentell die Ehre zuteil, meine Eltern bei einem Aufenthalt im Astoria in Zakopane zu begleiten. Da mich vor allem der Warenaufzug in der Küche begeisterte, der Spannungsregler mit dem »Auge« am kaputten Fernseher im Spielzimmer sowie die Marmelade, die beim Frühstück auf kleinen Tellern gereicht wurde, muss ich mich dort schrecklich gelangweilt haben. Jedes Mal, wenn ich mit lautem Öffnen der Tür in den Speisesaal stürzte, schüttete Vater ein Glas mit Tee um. Das Zeichnen von Autos, unterstützt vom Sänger Marek Grechuta und seinem Sohn, langweilte mich schon nach wenigen Tagen. Das Fass lief über, als ich beim Fangen-Spielen in den Misthaufen der Familie Marusarz fiel: Ich beschloss nun selbstherrlich, nie mehr mit Vater in Urlaub zu fahren.

Zu einem Umbruch kam es am Ende der Siebzigerjahre, als wir sage und schreibe drei Mal zum Urlaub ins Ausland fuhren: einmal auf die deutsche Nordseeinsel Sylt und zwei Mal in die österreichischen Alpen.

Westberlin war für uns die Umsteigestation. Von der ersten Reise erinnere ich mich an eine große, bunte, saubere Stadt, doch am wichtigsten war mein Daumen, den Vater beim Einladen des Gepäcks mit der Kofferraumklappe einklemmte. Die ganze Reise lang löste sich dann der Nagel vom Daumen ab und nahm unterschiedliche exotische Farben an. Aus der Perspektive eines Siebenjährigen waren in Berlin die im kommunistischen Polen unbekannten Dinge spannend: Saft in kleinen Kartons, auf denen eine Giraffe abgebildet war, Blasen bildender Kaugummi, Coca-Cola in Dosen, großartige Autos, der sich majestätisch am Kurfürstendamm drehende Mercedesstern sowie die Sesamstraße im Fernsehen.

Die Reise nach Sylt kam dadurch zustande, dass Vater bei seinen Aufenthalten in Berlin mehrfach im Hotel Sylter Hof abgestiegen war. Das Hotel hatte ihm gefallen, und deshalb wollte er herausfinden, ob die Insel ebenso gut war.

Strömender Regen, kalter Wind, die Unmöglichkeit, mich mit meinen Altersgenossen zu unterhalten, Langeweile, Vater hinter der Zeitung, eine Busfahrt über die Insel mit einem deutschen Reiseführer in Verbindung mit Mutters Reisekrankheit, ein Schwimmbecken mit Meerwasser und künstlichen Wellen, Grillhähnchen und ein Pony, das Mutter aufopferungsvoll an der Leine führte, um mir das Leben angenehmer zu machen – so sah das kurzgefasst aus.

Die Gesundheit

Abb. 27: Tomek auf Sylt, 1977   *Abb. 28: Im Strandkorb, 1977*

An die späteren Urlaube in Österreich habe ich mehr Erinnerungen, doch die schönsten Ferien meiner Kindheit verbrachte ich in Krakau und nicht in ausländischen Touristenorten – und das nicht nur deshalb, weil ich mich dort nicht mit den anderen Kindern unterhalten konnte. Als Kind habe ich das Vater unbedacht gesagt, womit ich ihn sicherlich verletzt habe.
Beide Österreich-Reisen fallen in meiner Erinnerung zu einer zusammen, obwohl es ganz sicher zwei unterschiedliche Reisen waren (1979 und 1980). Vater war kein Meister der Logistik, was in Verbindung mit seinem grenzenlosen Glauben an das geschriebene Wort dazu führte, dass wir nach allzu gutgläubiger Lektüre der Reklamebroschüre und Leistung einer Anzahlung bei einem Tiroler im Keller untergebracht wurden. Mama verbrachte den Urlaub in der fensterlosen Küche, und Vater schaute im Fernsehen Wimbledon oder lugte hinter dem STERN oder dem SPIEGEL hervor, in denen von der Blockade der Alpenstraßen durch streikende Fernfahrer die Rede war, und sah hinaus in den vor dem Fenster fallenden Regen. Nachdem ich mehrmals vergeblich versucht hatte, einen Dialog mit meinen Altersgenossen aufzunehmen, beschäftigte ich mich damit, Comics zu zeichnen. Als das Wetter besser wurde und die Straßen wieder passierbar waren, brachen wir zu Ausflügen auf. Ihr Schema ähnelte sich. Im Reiseführer las Vater Informationen über einen großen Berg. An-

schließend fuhren wir mit dem Auto hoch und aßen in einem Restaurant mit Tiroler Musik Wiener Schnitzel mit Pommes frites oder Chateaubriand mit Sauce béarnaise (am wehmütigsten erinnerte sich Vater an ein Chateaubriand in einem Restaurant, das zwischen den Orten Ladis und Obladis gelegen war). Als das langersehnte Hoch eintraf und mit ihm eine Verbesserung des Wetters, stellte sich heraus, dass ich gegen die famosen Heuschnupfenmittel, die Vater seit einigen Jahren mit Erfolg einnahm, völlig immun war. Von da an nahm ich auf unsere Ausflüge einige Rollen Toilettenpapier mit, denn die Taschentücher waren zu schnell aufgebraucht. Auch heute ruft trotz aller Fortschritte der Allergologie der Anblick einer blühenden Alpenwiese (nicht notwendigerweise mit einer lila Kuh und der Aufschrift »Milka« daneben) bei mir begründete Unruhe hervor.

Das neue Haus

»In unserem Haus ist es schrecklich eng geworden, am schlimmsten sind diese Pakete mit den Belegexemplaren in sehr exotischen Sprachen, da man nie weiß, was man damit machen soll. Der Keller ist vollgestopft, sie in den Speicher zu legen ist unangenehm, und man muss Angst haben, dass die Decke einbricht, so plagen wir uns, auch wenn das freilich ein *embarras de richesse* ist.« (*Aus einem Brief an Władysław Kapuściński, November 1975*)

Gegen Ende der Siebzigerjahre bewegten die Tausende Bücher, Zeitschriften und Manuskripte, die sich angesammelt hatten, meine Eltern dazu, den Umzug in eine andere Heimstatt in Erwägung zu ziehen. Anfangs trugen sie sich mit der Absicht, ein größeres Haus zu kaufen, doch in Zeiten, in denen die Wohnfläche eines Einfamilienhauses ein vom Staat beschränktes Ausmaß hatte, durfte man keine Wunder erwarten – andere Häuser waren hinsichtlich des umbauten Raums mehr oder weniger gleich. Und so wurde nach stürmischen Beratungen und Diskussionen der Entschluss zum Bau eines neuen Hauses gefällt, unweit des alten, an derselben Straße. Nach komplizierten administrativen Bemühungen wurde Vater schließlich als eine Art Heimarbeiter eingestuft (schließlich schrieb er zu Hause), weshalb er eine »zusätzliche Stube für den Literaten« zugebilligt bekam, also eine Bibliothek und ein Arbeitszimmer in einem. Der Grundstein für das neue Zuhause wurde gegen

Abb. 29: Bau des neuen Hauses, 1979

Ende 1978 gelegt. In dem Text, der im Fundament ruht und der für Vaters Verhältnisse ausgesprochen optimistisch klang, war die Rede von einem Ereignis, das in dieser Zeit alles andere überstrahlte: von der Wahl Karol Wojtyłas zum Papst.
Die Pläne entwarf ein energiegeladener junger Architekt. Die Gestalt erinnerte auf seinen Zeichnungen an ein typisches Alpenhäuschen, nur etwas flachgedrückt, als sei ein gewaltiges Gewicht auf den Dachstuhl gefallen, wonach das Haus keine Chance mehr hatte, zu seinen ursprünglichen Proportionen zurückzufinden.
Bei der Planung wurde mit dem Architekten sowohl über nebensächliche als auch über wesentliche Dinge diskutiert. Ich erinnere mich zum Beispiel daran, dass Vater überhaupt nicht zulassen wollte, die Fenster der Südseite so anzuordnen, dass sie einen großen Buchstaben »L« formten, wozu der Architekt Vater inständig zu überreden versuchte, und was er als einen seiner besten Einfälle erachtete. Später stellte sich heraus, dass der Architekt nicht alles ganz so genau berechnet und vorausgesehen hatte: Die Tür öffnete sich auf die falsche Seite, und in Vaters Schlafzimmer befand sich der untere Fensterrand knapp unter der Zimmerdecke, weshalb der Boden angehoben werden musste, denn ein tiefer angeordnetes

Die Gesundheit

Abb. 30: Lem als Metro Goldwyn Mayer-Löwe, um 1977

Fenster hätte einen Panoramablick in die Mineralwolle geboten, mit der das Dach isoliert wurde. In meinem Zimmer sollte es eine Rutschstange geben, wie in einer Feuerwache, da meine Eltern dachten, ich würde immer neun Jahre alt bleiben. Zum Glück wurde der Gedanke mit der Stange so wie viele andere geniale Einfälle nicht umgesetzt.

Der Hausbau hatte auch andere Nebenaspekte. Die aufgeschichteten Ziegel eigneten sich ausgezeichnet zum Spielen, und der Architekt war ein freundlicher und wohlmeinender Mensch. Ich war damals davon fasziniert, mit Vaters Amateurkamera Trickfilme herzustellen – meistens waren es Saurier aus Knete von kosmischer Herkunft, Katastrophen interstellarer Raumschiffe usw. Meine hausgemachten Tricks waren eine eigenartige Mischung aus den Techniken in *Star Wars*, eigener Erfindungsgabe sowie den Methoden, die Piestrak in seinem Film *Testflug zum Saturn* anwendete, der auf der Erzählung *Die Verhandlung* basierte. Der herzensgute Piestrak, der Vater mehrmals besuchte, ließ sich in Gespräche darüber verwickeln, wie man aus einer schwarzen, von hinten beleuchteten Pappe einen »Himmel« machen kann, wie man den Zustand der Schwerelosigkeit simulieren kann (was im Film irgendwie nicht zu sehen ist) und so weiter. Neben der Technik der Zeitrafferaufnahmen benutzte ich auch Negativstreifen nicht mehr benötigter Röntgenbilder, die mir Mutter von der Arbeit mitbrachte. Nachdem ich sie in der Wanne gewaschen hatte, eigneten sie sich hervorragend dazu, um gezeichnete Animationen herzustellen. Vor allem aber zählten die Pappmodelle von Raumschiffen, die mit Plastik-Stanzteilen von Modellen des Flugzeugs Jak 1 M beklebt waren. Diese Modelle konnte man in jedem Kiosk kaufen, unweigerlich mit dem russischen Aufkleber »Für die Heimat!«. Der Architekt wurde von mir unverzüglich eingeweiht und in das ganze Königreich des Films eingeführt, was ihm wohl gefallen hat, denn in seinem Wohlwollen war er bereit, aus mehreren Meter langen Brettern

Die Gesundheit

Abb. 31: Stanisław und Barbara Lem in ihrem neuen Haus, um 1992

eine von mir konzipierte Maschine anzufertigen, die die kosmischen Konstruktionen lebendig werden ließ.
Ich zweifle daran, dass die in Bewegung gesetzte Maschine besonders spektakuläre Effekte erzeugte, auch wenn ich unter anderen Umständen nach einigen Jahren vielleicht ein jugendlicher Experte für Spezialeffekte geworden wäre. Unter den nicht umgesetzten Produktionen sind das Drehbuch eines Films über einen Affen zu erwähnen, bei dessen Abfassung mir Vater half, sowie eine Geschichte über eine Hand aus Lego-Klötzchen, die sich selbst baute.
Dank meiner frühen Leidenschaft für den Film hat sich im Familienarchiv ein großartigeres Juwel als alle Papphimmel und Raumschiffe erhalten: ein etwas mehr als zehn Sekunden langer Schwarz-Weiß-Film, der einen Rettungsring mit der etwas krakeligen Aufschrift »Lems Kellerstudio« zeigt. Durch diesen Rettungsring hat Vater seinen Kopf gesteckt,

Die Gesundheit

verdreht bedrohlich die Augen und »brüllt« (es ist ein Stummfilm) wie der Löwe von Metro-Goldwyn-Mayer – nur deutlich großartiger.

Das Haus sollte prachtvoll sein und war es irgendwie auch, wenn man die damaligen Umstände berücksichtigt. Mit Keller, Küche, Salon, großer Garage (an deren vornehmem, hölzernem, braun gebeiztem Tor Vater besonders gerne, wenn auch zu Mutters Entsetzen, die gelbe Farbe für Reparaturen am Autolack ausprobierte), Schlafzimmern, Büro mit zweistöckiger Bibliothek, großem Garten sowie einem Stromgenerator mit Dieselmotor, da in den Achtzigerjahren Stromausfall zum Alltag gehörte. Die Verhängung des Kriegszustandes unterbrach den Bau. Vater beschloss, Mutter und mich aus Polen fortzubringen, und so wurde das Haus in unserer Abwesenheit einige Jahre lang noch weitergebaut. Die Aufsicht hierüber hatten Mutters Schwester sowie ihr Sohn mit seiner Frau, der Innenarchitekt war, was wie ein Sechser im Lotto war, denn dadurch entstand ein gemütliches, unaufdringliches Inneres.

Als die Eltern 1988 nach Polen zurückkehrten, stellte sich natürlich nicht alles als so perfekt heraus, wie dies aus der Beschreibung hervorgehen mag. Im Keller stand manchmal Wasser, das Dach leckte, und der Motor des Stromgenerators wollte meistens nicht anspringen, wenn man ihn brauchte. Das war allerdings gar nicht so schlecht, wenn man berücksichtigt, was geschah, wenn er sich in Bewegung setzte – denn er stammte aus einem Fischkutter. Wenn er arbeitete, bebte die Erde, und in dem angrenzenden Gewächshaus vertrockneten aufgrund der hohen Temperatur die Tomaten. Die Nachbarn legten außergewöhnliches Taktgefühl an den Tag, da sie sich nie beschwerten oder die Polizei riefen. Vielleicht wussten sie, dass Vater seinem Aggregat große Gefühle entgegenbrachte und ungeduldig auf den Augenblick wartete, in dem man es in Gang setzen konnte. Mutter und ihre Schwester – die ebenfalls im neuen Haus lebte – waren derweil in Hinblick auf die Nachbarn (und die Tomaten) gegen die eigenhändige Ingangsetzung (die Automatik, die das Aggregat anwarf, wenn der Strom ausfiel, war schon ganz am Anfang kaputtgegangen). Sie waren im Schein von Petroleumlampen groß geworden und sagten deshalb immer: »Eine Petroleumlampe erzeugt eine nette Stimmung, warum sollten wir das stören?« Man versuchte deshalb vor allem, Vater abzulenken, damit er den Stromausfall gar nicht mitbekam. Denn sonst lief er hastig, um seinen Lieblingsschlüssel zu holen, öffnete den Anbau des Gewächshauses und legte in diesem Raum, der an das Innere der *Nautilus* erinnerte, einen Hebel um, der das Ungeheuer in Bewegung setzte, dessen Wummern mehrere hundert Meter weit zu hören war. Wenn der große Generator lief, schloss sich Vater in seinem Arbeitszimmer ein, setzte sich mit einem Buch in den Sessel und schaltete – ohne Rücksicht auf die Tageszeit – die Lampe an. Später ging er etwa jede Viertelstunde in die Küche, machte den elektrischen Ofen an und betrachtete ihn aufmerksam. Uneingeweihte hätten sich über dieses Vorgehen gewundert, doch war es die Quintessenz von Rationalität. Der Sparsamkeit halber musste das Aggregat nämlich ausgeschaltet werden, wenn der Stromausfall vorbei war, und aus nicht näher bekannten Gründen erhielt der Ofen als einziges Gerät im ganzen Haus keinen Generatorstrom. Und deshalb war der Blick in den Ofen so etwas wie der Blick durch ein Periskop, um herauszufinden, ob man – in Begleitung zahlreicher Dackel und Promenadenmischungen – schon in den Maschinenraum gehen konnte, um »alle Maschinen stop!« zu befehlen.

Die Schule

> »Ich habe das Schreiben unterbrechen müssen, denn Tomek, der Schönschreiben übt, hat alle Buchstaben nach der Art von Leonardo da Vinci geschrieben, d.h. spiegelverkehrt – das passiert bei Kindern –, und es gab einen Streit, ob er das noch einmal neu machen muss; er meinte, die Lehrerin könne ja einen Spiegel verwenden. Als Schiedsrichter entschied ich, dass er es MUSS…« (*Aus einem Brief an Aleksander Ścibor-Rylski, September 1975*)

Die achtjährige Grundschule, in der mein Polnischunterricht sein Ende nahm, prägte nicht nur mir, sondern mittelbar auch Vater und der ganzen Familie ihren Stempel auf.
In den unteren Klassen wurde ich oft als Krakauer Bursche verkleidet, ich rezitierte Gedichte und sang Lieder über Getreideähren auf dem Feld und über Bergarbeiter (Edward Gierek nannten wir dennoch nicht »Onkelchen«, so wie das damals in den oberschlesischen Schulen der Fall war). Die letzten Jahre der Grundschule fielen jedoch mit der Verhängung des Kriegszustands zusammen. Im Unterricht lernten wir im Zuge des Kampfs gegen die reaktionäre Solidarność Lieder aus den Fünfzigerjah-

ren: *Zbudujemy nowy dom* (Bauen wir ein neues Haus), *O Nowej Hucie piosenka* (Ein Lied über Nowa Huta) usw. In den schweren und unsicheren Zeiten waren Lieder aus dem Stalinismus am sichersten – für die verschreckte Lehrerin und für uns.

Vater griff nicht in meine Bildung ein, doch aus seiner Korrespondenz geht hervor, dass er meine Zukunft in der Volksrepublik Polen in schwarzen Farben sah. Persönlich intervenierte er erstmals in der zweiten Klasse. In Schulangelegenheiten spielte Mutter die erste Geige, Vater ging nicht zu den Elternabenden, aber diesmal befand Mutter, seine Gegenwart könnte hilfreich sein. Sie kannte sein Temperament, und so schlossen sie eine Übereinkunft: Sie würde sprechen, und seine Aufgabe sollte sich darauf beschränken, einfach nur da zu sein.

Die Angelegenheit war ernst: Die Lehrerin hatte erklärt, dass ich – wie auch die ganze Klasse – nicht in die dritte Klasse versetzt werden könne, da ich die »Monatsparole« nicht gekannt hätte.

Durch Kenntnis der Parole hatte sich nur ein Mädchen ausgezeichnet, das diese von der Lehrerin ausgedachte Parole eigenhändig als Buchstaben aus Karton ausgeschnitten und an der Tafel im Flur aufgehängt hatte.

Vergeblich zählte ich darauf, mich aus der Affäre zu ziehen, indem ich die vorherige Parole rezitierte, an die ich mich deshalb erinnerte, weil ich selbst die krummen Buchstaben ausgeschnitten hatte: HELFEN WIR DEN ALTEN.

Meine mutige Bemerkung, dass es vielleicht um den Oktober gehe, der bekanntlich der »Monat der Sparsamkeit« ist, führte nicht weiter. Denn die Unkenntnis der Parole war Beleg für eine asoziale Einstellung: Kinder, die die Wandzeitung der Schule nicht lasen, würden zu Hooligans und Umstürzlern werden.

Vater spielte – wie er sich selbst erinnerte – nun die Rolle einer wilden Dogge. Er ließ seinen flackernden Blick ringsum kreisen, verdrehte die Augen und knurrte gefährlich. Vereinbarungsgemäß sprach er nicht mit der Lehrerin. Doch bei seinem Anblick erschrak sie, wurde sanft, zog sich auf ganzer Linie zurück, legte Empathie an den Tag usf. Sie gestand ein, dass die Unkenntnis der Parole (sie lautete »Füttern Sie die Spatzen«, ich erinnere mich daran, als wäre es gestern) nicht das einzige und entscheidende Kriterium sein dürfe, um über die Versetzung von Kindern in die nächste Klasse zu entscheiden.

Die Gesundheit

Um ähnliche schulischen Komplikationen zu vermeiden, die Vater dazu gezwungen hätten, die Schule aufzusuchen, lernte ich später die Parolen und andere wichtige Aufschriften auswendig. In meinem Konformismus ging ich jedoch nicht so weit wie ein Schulkamerad, der – um für die Zukunft gewappnet zu sein – aus eigenem Antrieb die Zusammensetzung des gesamten Politbüros auswendig lernte. Wie groß war seine Enttäuschung, als sich nach den Veränderungen von 1980 herausstellte, dass seine Anstrengungen größtenteils umsonst gewesen waren. Da begann er sich über die Solidarność aufzuregen.

In der siebten oder achten Klasse befassten wir uns nicht mehr mit Kinderfabeln, sondern lasen Ausschnitte aus Werken von Sienkiewicz, Żeromski und Reymont. Die Polnischlehrerin war ehrgeizig und quälte mich manchmal – ich weiß nicht, ob sie es tat, weil Vater eine bekannte Persönlichkeit war, oder aus anderen Motiven. Ich war kein schlechter Schüler, bei Jahresende bekam ich in der Regel das Zeugnis mit rotem Band für die besten Schüler. Vielleicht war ich selbst schuld, denn ich musste lachen, als wir Mickiewiczs *Pan Tadeusz* lasen und die Lehrerin, als sie erläutern wollte, was eine *szlafmyca* (Schlafmütze) ist, energisch erklärte:
– Eine SZLAMFYCA [etwa: Schlammpfütze] ist eine Art von BARETT.
Den größten Eindruck machte auf mich jedoch ihre Rezitation des Gedichts *Campo di Fiori*, gleich nachdem Czesław Miłosz, der bis dahin von der Propaganda verfemt worden war, den Literaturnobelpreis erhalten hatte. In gutem Glauben erläuterte uns die Lehrerin, dass es in dem Gedicht um die Schönheit eines Marktes (sie betonte besonders Oliven und Zitronen) in Zusammenhang mit der Hinrichtung von Giordano Bruno gehe. Das Warschauer Ghetto, das Karussell und die eigentliche Aussage des Gedichts kamen bei ihr gar nicht vor.

Die Einstellung der Polnischlehrerin zu Stanisław Lem und seinem Werk war mir nicht bekannt, obwohl ich mich an Folgendes erinnere: Als das Bildungsministerium Bilder zeitgenössischer polnischer Geistesgrößen verschickte, versehen mit kurzen Biographien, landete Lem im Flur zwischen der Bibliothek und der Toilette, vielleicht sogar etwas näher an der Toilette, und direkt über mir wurde als Patron der Polnischklasse der regierungsfreundliche Wojciech Żukrowski aufgehängt.

Bekanntlich ist es nicht schwer, selbst einem gut vorbereiteten Schüler zu verdeutlichen, wo sein eigentlicher Platz ist. Es genügt, ihn zu unterbrechen, wenn er über den Hochzeitsumzug von Boryna aus Reymonts Ro-

Die Gesundheit

man *Die Bauern* spricht, und ihm die vernichtende Frage zu stellen: »Wer ging in diesem Umzug rechts und wer links vom Priester?!«
Angesichts einer solchen Frage suchte ich auch bei Żukrowski vergeblich nach einer Eingebung.
Eines Tages kehrte ich mit einer weiteren literarischen Knacknuss heim. Die Aufgabe lautete: »Sienkiewicz und Żeromski, eine Erzählung unter Verwendung von Dialogen.« Ich sollte auch Themen benennen, die alle Werke dieser Autoren gemeinsam hatten.
Ich weiß nicht, was mich dazu brachte, damit zu Vater zu gehen, wahrscheinlich war ich durch diese »Dialoge« irritiert, denn hinsichtlich der übrigen Themen hatte ich keine Zweifel – in der Schule war uns alles klar und eindeutig erklärt worden.
Beide Fragen riefen in ihm eine gewisse Unruhe hervor, um nicht zu sagen – Bestürzung.
Was die erste anbetraf, so riet er mir, eine Erzählung darüber zu schreiben, wie sich an einem nicht näher bezeichneten Ort Żeromski und Sienkiewicz treffen und über ihr Werk sprechen.
Bei der zweiten Frage brummte er mehrmals »verdammter Mist«, fragte ungläubig »wie? in allen Werken?« und rief seinen Freund an, Professor Błoński, der ja in derselben Straße wohnte.
– Janek, wie lautet das gemeinsame Thema aller Werke von Sienkiewicz und Żeromski?
Vater beschied mir mit der Hand, nicht zu stören, als ich eilfertig zu plappern begann, dass es natürlich um die Vaterlandsliebe und die Schönheit der heimatlichen Natur gehe. Dann kam mir noch die Sehnsucht nach dem Vaterland in den Kopf, wenngleich ich nicht sicher war, ob diese Sehnsucht nicht für Mickiewicz (*Pan Tadeusz*) und Sienkiewicz (*Der Leuchtturmwärter*) reserviert war.
– Bist du verrückt geworden? – antwortete Błoński. – Es gibt keine gemeinsamen Themen für alle Werke!
– Ja? – erwiderte Vater. – Denn schau mal, die Polnischlehrerin meines Sohnes, die du ausgebildet und der du offensichtlich sogar den Magistertitel gegeben hast, behauptet das…
– Aber nur im Wochenendstudium, Staszek! Sie hat diesen Magistertitel nur im Wochenendstudium bekommen!

*

Ein anderes schulisches Unglück, das ich erlebte, muss Vater schwer getroffen haben, denn es hing mit den von ihm so geliebten Naturwissenschaften zusammen, zu denen er mich mit aller Macht drängte, indem er mich mit vielversprechend betitelten Büchern überschüttete, die er kiloweise in der Wissenschaftlichen Buchhandlung erwarb: *Grundlagen der Quantenphysik*, *Elementarteilchen*, *Molekularbiologie* oder *Tri, dwa, odin – pusk!* (Drei, zwei, eins – Start!). Das Unglück begann damit, dass eine neue Lehrerin in unsere Schule kam. Diese ehrbare Dame war leider unzureichend gebildet. Schlimmer noch, man hatte ihr aufgetragen, Biologie, Physik, Chemie sowie – sicherlich als Ausgleich – Wehrkunde zu unterrichten. Die Lehrerin vermochte es noch am ehesten, uns die militärischen Ränge abzufragen, doch die Stunden in Biologie, Physik und Chemie beschränkten sich darauf, dass sie die Schulbücher an der Tafel abschrieb, was sie mit großer Anstrengung tat. In den Schulbüchern kamen Fehler und Falschschreibungen vor, und so erfuhren wir von einem »Achimedischen Prinzip«, wobei die Lehrerin standhaft behauptete, dass das ohne »r« geschrieben werde. Im Biologieunterricht war sie hingegen erfindungsreich und ging in ihren Überlegungen weit über die Evolutionstheorie hinaus: Sie erklärte nämlich, dass Hühnern jedes Jahr ein weiterer Halswirbel wachse. Das war eine Analogie zu den Baumringen, die uns ausgesprochen gut gefiel und zu einer Zeichnung führte, die einer meiner Schulfreunde in der Pause an der Tafel anbrachte. Sie stellte ein greises, zwanzigjähriges Huhn dar mit einem Hals wie eine Giraffe. Gerüchteweise hieß es, dass die Lehrerin »gute Bekannte« in der Schulaufsicht hatte; im Gegenzug für ihre Einstellung sollten die Schulgebäude fix renoviert werden. Es ist schwer zu sagen, ob das stimmte. Auf jeden Fall glaube ich nicht, dass Vater dadurch Genugtuung verspürt hätte, dass man seinem Sohn zwar Quatsch beibrachte, aber dafür in einer hübsch neu gestrichenen Schule mit Zimmerpflanzen in jeder Ecke. Er reagierte darauf, indem er mir fortan neue Schulbücher für das Gymnasium oder sogar Lehrbücher für die Universität kaufte. Diese Sammlung ziert bis heute stolz meine Bücherregale.

Der Kriegszustand
Es gibt Daten, an die man sich besser erinnert als an andere. Für meine Generation war das zweifellos die Einführung des Kriegsrechts in Polen.

Die Gesundheit

Doch als Kinder nahmen wir alles aus einer stark verzerrten Perspektive wahr. Natürlich hassten wir das kommunistische System, wir waren mit ganzer Seele für die Solidarność und so weiter. Aber im Grunde war anfangs die größte Unannehmlichkeit das Fehlen des Vormittagsprogramms im Fernsehen und anderer Sendungen – stattdessen wurde in einem fort die Ansprache von Wojciech Jaruzelski wiederholt. Als Trostpflaster erfuhren wir jedoch bald, dass wir eine Zeitlang nicht in die Schule gehen mussten. Aus der Perspektive eines Grundschulkindes war die Verhängung des Kriegsrechts also gar nicht einmal so schlimm. Bis zu einem gewissen Grad war ich mir über den Ernst der Lage natürlich im Klaren. Vater weckte Mutter (und auch mich, da ich mit Mutter in einem Zimmer schlief) gegen fünf Uhr morgens auf. Zunächst berichtete er genau über die Nachrichten von Radio Freies Europa, dann räsonierte er darüber, was nun auf Polen zukomme. Er schloss ein bewaffnetes Eingreifen der Russen nach tschechoslowakischem Vorbild nicht aus. Solche Meinungen hatte er übrigens schon zuvor geäußert, seitdem die Aktivität der Solidarność Moskau ernsthaft beunruhigt hatte. An diesem Morgen hatten diese kassandrischen Prophezeiungen jedoch eine besondere Qualität.

Nach einigen Stunden trafen aus dem Stadtzentrum die ersten befreundeten Personen ein, die unterwegs mehrfach von Militärpatrouillen kontrolliert worden waren. Allgemein herrschte eine Atmosphäre von Einschüchterung und Verlorensein. Die Gespräche darüber, was nun werden würde, wurden fast flüsternd geführt.

Nachdem ich Jaruzelskis Ansprache mehrfach gehört hatte, schickte ich mich in aller Ruhe an, in der Badewanne eine weitere Partie von Röntgenaufnahmen zu säubern, und setzte mich – nachdem ich mich vergewissert hatte, auch am nächsten Tag nicht in die Schule zu müssen – hin, um an einer Trickfilmserie über Pferde zu arbeiten. Mit großem Aufwand strichelte ich auf jeweils eigenen Negativen die Beine galoppierender Pferde. Dann wollte ich Vaters Roman *Der Unbesiegbare* zu einem Filmdrehbuch umarbeiten, lieh mir von Vater seine Reiseschreibmaschine und machte mich daran, den Text des Romans umzuschreiben, wobei ich ihn hier und dort durch einen »amerikanischen Hintergrund«, die Länge des zu verwendenden Filmmaterials in Metern für die jeweilige Szene und andere filmische Didaskalien ergänzte.

Die Gesundheit

Einige Wochen später bekam Mutters Schwester, als sie im Lebensmittelladen der Siedlung in der Schlange stand, folgendes Gespräch der Verkäuferin mit einer Kundin mit:
– Haben Sie von Błoński gehört?
– Ist er interniert worden?
– Noch nicht. Er versteckt sich erst einmal bei Lem.
Professor Jan Błoński war damals Prorektor der Jagiellonen-Universität und machte sich tatsächlich Sorgen, dass er interniert werden könnte. Der zitierte Dialog belegt aber, dass es nicht der glücklichste Einfall war, sich bei Lem zu verstecken, der in derselben Straße wohnte.

Kapitel 12
Weggang aus Polen

Es war das Jahr 1983. Am frühen Morgen des Tages, an dem wir Polen verlassen sollten, wusch Vater sich, zog sich an, nahm den Geldbeutel aus der Tasche, ging zum Mülleimer und warf methodisch Banknoten hinein – Einhundert-Złoty-Noten mit Waryński, Tausender mit Kopernikus, vielleicht auch welche mit »Bolek und Lolek«, also Banknoten mit den Herrschern Mieszko und Chrobry. Dann entledigte er sich ebenso sorgfältig des Kleingelds, das klirrend gleichermaßen im Mülleimer landete.
Als er meine verwunderte Mine sah, erläuterte er, dass wir keine Złotys mehr bräuchten, da wir nie mehr nach Polen zurückkehren würden.
Ich zeigte Vater bei meiner Tante an, und das Geld kam dorthin, wo es hingehörte. Die Eltern schlossen sich auf gewohnte Weise im Badezimmer ein, wo Mutter Vater etwas erklärte, doch als er herauskam, sah er nicht überzeugt aus.

*

Vater ging davon aus, dass die Ausreise in ein deutschsprachiges Land die Notwendigkeit mit sich bringen würde, den Sohn auf eine Schule mit deutscher Unterrichtssprache zu schicken. Aus eigener Erfahrung wusste er, dass bei einem kleinen bisschen Motivation ein Wörterbuch und etwas Geduld genügen, und so beschloss er, mich mit dieser Methode zu »unterrichten«. Schließlich hatte er Englisch alleine gelernt, und so keimte in seinem Kopf der Gedanke, dass seinem Sohn das Lernen noch leichter fallen würde, denn er würde einen Gesprächspartner haben, mit dem er gleich Konversation führen könnte, wenn auch anfangs nichts Kompliziertes. Dass er diese Methode des linguistischen Unterrichts gewählt hatte und dass er große Hoffnungen in sie setzte, verriet er mir nicht. Ich vermute, dass er aufgrund seiner angeborenen Ungeduld damit rechnete, dass ich in wenigen Tagen die Grundlagen des Deutschen beherrschen würde. Wie groß war seine Enttäuschung.

Er wies mich an, mich mit einem neuen Heft und einem Kugelschreiber in seinem Arbeitszimmer einzufinden. In soldatisch kurzen Worten – er schrieb gerade einen Artikel und traf sich aus reinem Pflichtgefühl mit mir – erläuterte er, dass die deutsche Grammatik nur vier Fälle kenne und nicht sieben wie das Polnische oder sechs wie das Lateinische, worüber ich mich freuen solle.
– Du kannst doch Latein?… – unterbrach Vater sich.
Ich klärte ihn über seinen Irrtum auf. An Fremdsprachen war mir in der Grundschule nur Russisch beigebracht worden.
Vater seufzte, berichtete, dass mein Großvater unter anderem Griechisch und Lateinisch gekonnt habe und dass er selbst Latein, Deutsch, Französisch, Englisch, Ukrainisch und Russisch beherrsche, und so wäre es doch wirklich eine Schande, wenn ich nicht wenigstens die Grundlagen des Lateinischen kenne. Er verpflichtete mich, ein geeignetes Lehrbuch zu kaufen.
Da das Lateinische so rasch erledigt war, konnten wir zum Deutschen übergehen.
– Wir haben drei Artikel: *Der*, *die* und *das*, und einige Zeiten –, sagte Vater und krakelte seine berühmten, unleserlichen Hieroglyphen ins Heft.
– Hier habe ich sie dir schon einmal aufgeschrieben. Die Verben setzt du ans Ende der Sätze, Substantive schreibst du groß. Und hier – mit einem gewissen Zögern händigte er mir zwei verstaubte Bände aus – hast du ein Wörterbuch. Das ist mein bestes, also verlier es nicht. Ich wollte dir ein Taschenwörterbuch geben, aber es ist irgendwie verschwunden. Kauf dir eins, wenn du dir das Lateinbuch kaufst, und dieses gibst du mir dann zurück.
Ich bekam eine Zeitschrift oder ein Buch, woraus ich einen Abschnitt lesen sollte, damit wir beim nächsten Mal auf Deutsch über den Text sprechen könnten.
Ich brütete über dem Text wie Champollion über den Hieroglyphen. Vater war mit den Effekten meines Dechiffrierens sogar ziemlich zufrieden, doch die Konversation war eine so große Katastrophe, dass Mutter eingreifen musste. Und es wiederholte sich die Geschichte mit dem Gokart: Vater musste getröstet werden, weil er wieder zu der Überzeugung gelangte, einen Idioten zum Sohn zu haben.

*

Das erste ernstzunehmende Buch, das ich ungefähr ein Jahr später auf Deutsch las, war Hermann Hesses *Narziss und Goldmund*. Vaters Wörterbuch-Methode hatte sich, unterstützt durch den Deutschunterricht in der Wiener Schule, als erfolgreich erwiesen, doch mit Schande gestehe ich, dass ich nie mehr auf dieses Buch zurückgekommen bin. Wie ein Schiff, dass nach einem Unglück zusammen mit seiner Mannschaft für alle Ewigkeiten auf dem Grund des Meeres ruht, wurde es für immer in den Registern des Gedächtnisses abgelegt, neben den größten Qualen und Leiden der Jugendzeit.

*

Es gab eine Menge rationaler Gründe, um im Jahre 1983 aus Polen auszureisen. Vater zählte sie bei verschiedener Gelegenheit auf: kein Zugang zur Weltliteratur, die Briefzensur (ein Teil der Briefe erreichte ausländische Adressaten gar nicht), die Unmöglichkeit, zur Arbeit benötigte Bücher zu besorgen, die leeren Geschäfte, fehlende Zukunftschancen für mich (und nach der Ermordung des Abiturienten Grzegorz Przemyk durch die Miliz war er beunruhigt, dass man ihn durch mich erpressen könnte), die Zensur im Kulturleben, die sich zum Beispiel durch die gesetzwidrige Übernahme des Literaturverbands durch regimefreundliche Schriftsteller manifestierte, sowie der allgemeine Zustand, den Stefan Kisielewski zuvor schon als »Diktatur der Hohlköpfe« bezeichnet hatte. Die genannten Argumente sowie eine Reihe von anderen, die ebenso rational waren, standen hinter der Entscheidung, Polen zu verlassen. Doch der größte Antrieb müssen Vaters Kriegserfahrungen gewesen sein. Das Verstecken mit gefälschten Papieren in dem abwechselnd von Russen und Deutschen besetzten Lemberg, der Keller, aus dem er blutende Leichen schleppte, die Angst um seine Eltern, die Angst vor dem Tod – ich weiß nicht, was seine Entscheidung zur Ausreise direkt verursachte. Vater durchlebte die Verhängung des Kriegsrechts in Polen unendlich tief, und die emotionale Erinnerung an den überstandenen Krieg hatte daran, glaube ich, einen irrationalen, jedoch den stärksten Anteil.

Hätte es die Möglichkeit gegeben, so wäre Vater sicher schon am 13. Dezember 1981 ausgereist, doch waren die Grenzen geschlossen worden. Den Pass, um das Stipendium des Wissenschaftskollegs anzutreten, erhielt er nach langen Bemühungen 1982, weshalb er zwölf Monate in Westberlin verbrachte. Doch er wollte Frau und Sohn nicht als Geiseln im Land lassen und auch nicht die Machenschaften der kommunistischen Regierung legitimieren, die gerade die Lockerung oder Aufhebung des Kriegszustands feierten, nachdem sie zuvor das Strafgesetzbuch so verschärft hatten, dass sich im Grunde nicht viel änderte. Sein Plan war riskant, schließlich kannte er den Fall Sławomir Mrożek, der einige Jahre mit einem polnischen Pass in Italien lebte, was ihn dazu zwang, in seinen Interviews jedes Wort auf die Goldwaage zu legen (am Ende hatte Mrożek nach dem Einmarsch der Armeen des Warschauer Paktes in der Tschechoslowakei keine Wahl mehr; nachdem er dieses Ereignis in der Westpresse kommentiert hatte, musste er viele Jahre lang seine Kontakte nach Polen aufgeben). Die Lage eines Schriftstellers »hinter dem Eisernen Vorhang«, der ins Ausland geht und, um die Kontakte zur Familie im Heimatland nicht abreißen zu lassen, sich scheinbar freiwillig knebelt, war fürwahr nicht zu beneiden.

Der Vorwand zur Ausreise war eine Einladung des Österreichischen Schriftstellerverbands. Wie unruhig Vater war, weil er daran zweifelte, dass es ihm wirklich gelingen würde, Frau und Kind aus Polen herauszubringen, zeigte sich daran, dass wir sofort losfuhren, nachdem er die Pässe bekommen hatte. Und da wir noch keine österreichischen Visa hatten, fuhren wir erst einmal nach Westberlin, an den einzigen Ort in der westlichen Welt, wo Bürger der Ostblockstaaten die Wohltat des visafreien Verkehrs genossen. Hier warteten wir auf die Ausstellung der österreichischen Visa, und als wir sie nach einigen Monaten bekamen, flogen wir mit dem Flugzeug nach Wien, nachdem wir zuvor unser ganzes Hab und Gut per Zug aufgegeben hatten, auch unser Auto – nur, um unterwegs nicht durch das Gebiet der sozialistischen Staaten zu fahren, mit deren Hilfe die Volksrepublik Polen ihre Bürger hätte einfordern können.

Es ist schwer zu sagen, ob Vaters weitreichende Vorsicht begründet war. Sicherlich offenbarte sie aber glaubwürdig und vielsagend seinen damaligen Geisteszustand.

Kapitel 13
Berlin 1983, Wien 1983–1988

Das Berlin des Teenagers unterschied sich nicht besonders vom Berlin des Siebenjährigen – Museen und andere Kulturstätten sucht man hier vergeblich. Am Horizont erschienen der Zoo und Geschäfte mit Elektronik-Bauteilen, zu denen ich regelmäßig pilgerte, um zum Besitzer immer weiterer Transistoren und Kondensatoren zu werden, sowie ein Kino-Abonnement für alle James-Bond-Filme, aber der Hauptunterschied zwischen den beiden Berlins bestand darin, dass ich in diesem zweiten, das die bessere westliche Welt verkörperte, gar nicht leben wollte. Ich hatte in Polen meine Freunde zurückgelassen, und mit Polen (auch mit der Volksrepublik, wenn es denn sein musste) verbanden sich meine Zukunftspläne. Meine Stimmung verbesserte sich auch nicht durch Vaters wie ein Mantra wiederholte Versicherungen, dass wir nie mehr nach Polen zurückkehren würden, weshalb ich mich um neue Freunde bemühen müsse und überhaupt etwas tun solle, anstatt mit den Kopfhörern auf den Ohren im Zimmer zu sitzen und den ganzen Tag stumpf an die Wand zu starren. Deshalb wurde ich im Zuge einer konstruktiven Hinwendung zum Leben – zum Leben im Exil – von Mutter und der Frau von Władysław Bartoszewski zu einem patriotischen Konzert des Liedermachers Jacek Kaczmarski geschleppt. Von da an hörte ich, während ich an die Wand starrte, meistens Kaczmarski.

Später begann ich bei einer in Berlin lebenden Polin Englischunterricht zu nehmen, da meine Eltern mich nach der Ankunft in Österreich in eine englischsprachige Schule schicken wollten. Es ist schwer zu sagen, warum gerade eine Polin mir Englisch beibringen sollte. Ihr größter Vorzug war, dass sie einen amerikanischen Mann hatte, der – wenn er gerade zu Hause war – unsere sprachlichen Zweifel ausräumen konnte. Englisch hatte ich zwar, so wie das Klavierspielen, seit den ersten Grundschulklassen privat gelernt, doch erst die Konfrontation mit der Amerikanischen

Schule in Wien sollte eine eindeutige Antwort darauf liefern, wie viel diese Bildung wert war.

Aus administrativen Gründen, deren Einzelheiten ich bis heute nicht kenne, die aber damit zusammenhingen, dass wir uns zu lange ohne Visum in Berlin aufhielten, unternahm ich gemeinsam mit Vater lange Gänge durch die Ausländerbehörden, um nicht genauer beschriebene, jedoch unabdingliche Formalitäten zu erledigen. Ich lernte auch ein neues deutsches Wort: *Abschieben*. Hier zerfiel vor meinen Augen der Glanz des Westens, und hinter einer Fassade aus billigem Schein, zwischen dunkelhäutigen Bittstellern, die in Schlangen standen, zuweilen auch stundenlang resigniert auf dem Boden in den langen Korridoren saßen, zeigte sich mir sein weniger märchenhaftes Antlitz. Die Einstellung zu den Gastarbeitern war in der Einrichtung, in der nicht allzu gescheite, dafür aber umso herrischere Beamte residierten, zwar nicht offen feindlich, aber ein wenig Wohlwollen suchte man bei ihnen vergeblich.

Wien

»Die Lage ist hoffnungslos, aber nicht ernst«

In Wien wohnten wir im vierten Bezirk, in einer engen Gasse, einer Querstraße zur belebten Margaretenstraße. Wir waren die einzigen Mieter mit heller Haut, alle anderen waren Roma und Türken. Die Wohnung war uns vom Österreichischen Schriftstellerverband vermietet worden. Vater, der nach dem Eintreffen im – wie es ihm anfangs schien – großstädtischen Wien noch nicht auf dem Boden der Tatsachen angekommen war, schrieb den Mietern einen offenen Brief, in dem er mit einem gewissen Stolz darüber informierte, dass er ein polnischer Schriftsteller sei, der hier, in Wien, der Hauptstadt Europas, Literatur schaffen werde. Diesen Brief hängte er am Schwarzen Brett irgendwo zwischen einer Warnung vor Rattengift im Keller und einer Liste der zahlungssäumigen Mieter auf. Doch schon kurze Zeit später wurde der Brief abgehängt, da sich nach einigen misslungen Versuchen, Kontakt zu den Nachbarn herzustellen, zeigte, dass diese kein Deutsch sprachen.

Die Wohnung an sich, einige Durchgangszimmer, war eigentlich durchaus hübsch. Doch die Lage in Verbindung mit der Tatsache, dass zu dieser Zeit die Autos noch keine Katalysatoren besaßen, war todbringend. Wenn man ein Zimmer lüften wollte, barg dies die Gefahr, an Abgasen

Berlin 1983, Wien 1983–1988

Abb. 32: Lem in Berlin

zu ersticken – nur das Küchenfenster konnte man öffnen, da es auf den Innenhof hinausging. Sich an den Lärm der Autos zu gewöhnen, die von morgens bis abends direkt unter den alten, undichten Fenstern vorüberfuhren, erforderte Selbstverleugnung.
Im Rahmen finanzieller Sparmaßnahmen wurde mir die technische Fürsorge über die Wohnung sowie den Fuhrpark übertragen, also über den Mercedes, in dem ich Zündkerzen, Öl und Filter wechselte, die Sommerräder gegen Winterräder tauschte, kleine Reparaturen vornahm – oft unterstützt von Vater (»Mit dem Draht, Tomasz, mit dem Draht!«). Mutter, die zum ersten Mal in ihrem Leben selbständig einen Haushalt führen musste, hatte eine schwere Zeit. Eine gewissenhaft von ihr zu Ehren eines bedeutenden Gastes hergestellte Baiser-Gelee-Torte, die ohne Aufsicht in der Küche alleine gelassen worden war, wurde von Ameisen erobert. Da

sie keine andere Süßspeise hatte, griff sie zu einem Trick – neben der Torte mit den Ameisen, von denen es so viele gab, dass die Torte aussah, als sei sie mit Mohn bestreut worden, schaltete sie den Küchenmixer ein. Die Ameisen flohen, die Ehre des Hauses war gerettet. Mutter erzählte Vater von dem Abenteuer mit den Ameisen, allerdings – aus Erfahrung klug geworden – *nach* der Verabschiedung des Gastes. Sie wollte keine Wiederholung jenes unerwarteten Journalistenbesuchs, noch in Polen, zu einer Zeit, als die Geschäfte leer waren. Der Journalist schob einen weiteren Bissen in seinen Mund, als Vater ihm lachend sagte:
– Wissen Sie, dass Sie gerade die Leber essen, die eigentlich für unsere Hunde gedacht war?
Eine zusätzliche Komplikation war die Notwendigkeit, sich täglich in einer fremden Sprache verständigen zu müssen. Diverse sympathische Österreicherinnen tauchten zu Hause auf, um Mutter linguistisch zu unterstützen. Doch der Effekt ihrer Bemühungen war eher bescheiden – bei Tee und Keksen wechselten diese gutmütigen Frauen, um Mutter das Leben zu erleichtern, ins Englische oder verständigten sich bestenfalls mit einer Mischung von Englisch und Deutsch, die beim Fleischhauer um die Ecke überhaupt nicht weiterhalf.
Einige Tage vor Beginn des Schuljahres war immer noch nicht klar, welche Schule ich besuchen würde. Eine der englischsprachigen Schulen lehnte es ab, einen Schüler aufzunehmen, der nicht fließend Englisch und Französisch sprach. Die ganze Hoffnung ruhte auf der anderen Schule. Vater fuhr mich hin, wobei wir uns schrecklich verfuhren; mehrere Stunden lang irrten wir durch Wien. An Ort und Stelle wurden wir freundlich aufgenommen. Da mein mehrjähriger Englischunterricht in Polen nicht viel half, waren meine einzige Hoffnung die Naturwissenschaften. Der ehrbare Mathematiklehrer, Mr. Berryman, schrieb Polynome und Funktionen auf ein Blatt Papier und verständigte sich mit mir durch Gesten, fast so wie die Protagonisten in *Eden* mit dem Doppelt sprechen.
Ich wurde also hauptsächlich aufgrund meiner nicht so schlechten Mathe-Kenntnisse in die Schule aufgenommen, und Vater beging nur einen Fehler, der ziemlich paradoxe Folgen haben sollte. Sicherlich durch Unachtsamkeit wurde ich nämlich schon im ersten Halbjahr für den Geschichtsunterricht angemeldet – ein Fach, das sehr gute Sprachkenntnisse erforderte. Dies führte dazu, dass Vater – zumindest anfangs –, ob er es nun wollte oder nicht, lebhaft an meinem Unterricht Anteil nahm und

damit seine große Aufopferung unter Beweis stellte. Das sah so aus: Er sprach auf einem Kassettenrekorder ein Kapitel meines Schulbuchs für antike Geschichte ein – auf Polnisch. Ich hörte das mehrmals ab, um mir einzuprägen, worum es ging, dann schrieb ich die mir unbekannten englischen Wörter heraus (mehrere hundert pro Unterrichtsstunde) und lernte sie bis in die Nacht auswendig. Dadurch verlor ich kein Jahr, am Ende des Halbjahres bekam ich sogar eine Zwei (wohl die erste im Leben, denn bis dahin hatte ich nur Einsen gehabt), doch am merkwürdigsten war, dass der Geschichtslehrer überhaupt nicht mitbekam, dass er es mit einer Person zu tun hatte, die nur schlecht Englisch sprach. In einem Anflug von Ehrlichkeit bekannte er später, dass er mich für einen nicht besonders aufgeweckten Amerikaner gehalten hatte.

*

Vater konnte in der Wohnung im Stadtzentrum nur schlecht arbeiten, er brauchte Ruhe und Stille, am besten etwas, was an das Haus in Krakau erinnert hätte. Und so ergab sich geradezu zwangsweise die Suche nach einem Häuschen, so klein es auch sein würde, in einer ruhigen Gegend – Vater hatte Angst, dass er in dem städtischen Trubel, vor Abgasen kaum atmen könnend, nichts mehr schreiben würde.
Mit der Suche nach einem Haus beauftragten meine Eltern eine Firma, die entweder nicht genau verstanden hatte, was sie suchten, und um jeden Preis Wohnungen loswerden wollte, die nicht gefragt waren, oder sie versuchte, die finanziellen Möglichkeiten des exotischen Kunden aus dem Osten herauszufinden. Aufgrund meiner schulischen Verpflichtungen beteiligte ich mich an den meisten Ausflügen mit den Maklern nicht, doch an einen erinnere ich mich gut. Ein vorzüglich gekleideter Herr mit einem roten Citroën CX, mit einem lustigen einarmigen Lenkrad und ebenso grellen roten Sesselbezügen, brachte uns, nachdem wir lange durch die Stadt gekurvt waren, zu einem außerhalb von Wien gelegenen Anwesen. Es war ein riesiges leeres Haus, fast ein Palast, mit einem großen Garten, dessen Anmietung wir uns sicherlich niemals hätten leisten können. Die gewaltigen Räume hätte man gewiss mit Dienstboten bevölkern müssen. Dieser Ausflug machte auf Vater großen Eindruck, und er erzählte oft den Gästen davon, die uns daheim aufsuchten. Anhand seiner Worte konnte man meinen, dass erst kurz vor unserem Eintreffen in der Liegenschaft vor Wien in einem Sarg der Leichnam des vorheri-

gen, sicherlich uralten Bewohners fortgebracht worden war. Tatsächlich, alles sah so aus, als hätte jemand noch bis vor kurzem hier gewohnt: In der Küche warteten Teller und Besteck darauf, dass die Dienstboten den Tisch decken würden, im Schlafzimmer betrachteten wir mit Grausen ein riesiges Himmelbett, mit einer zusätzlichen Daunendecke für die Füße, falls die Nächte kalt waren. Nur Pantoffeln fehlten.
In Panik flohen wir von dort.
Als es schon schien, als würden wir nichts finden, tauchte ein Funken Hoffnung auf. Wegen des Unterrichts kam ich nicht mit meinen Eltern mit, um das nächste Haus anzuschauen, doch schon am Abend fuhren Mutter und ich mit der Straßenbahn an den Südrand der Stadt. Wir sahen nicht viel: eine traurige Betonwand mit einer aufgemalten Hausnummer. In diesem Haus sollten wir die nächsten fünf Jahre wohnen.

> »Neben uns lebte ein Belgier, mit dem wir höfliche, wenn auch distanzierte Konversation trieben, während unser anderer Nachbar, ein Österreicher, ganz einfach so tat, als würde er uns nicht wahrnehmen. Meine Frau hielt mich immer davon ab, öffentlich über die Österreicher zu schimpfen. Nach Haiders Erfolgen änderte sie ihre Meinung etwas. Doch Wien ist überhaupt eine merkwürdige Stadt: Ein gewaltiges Haupt auf einem kleinen Körper, die Hauptstadt eines Imperiums, das anschließend seine österreichisch-ungarischen Tentakel einzog und auf die Dimensionen eines Kleinstaates schrumpfte. [Im Wiener Telefonbuch finden sich] tschechische, kroatische, polnische, ungarische, italienische und Gott weiß welche Namen – am seltensten sind die deutschen. Und ich glaube, dass die Österreicher genau deshalb solche Fremdenfeinde sind.«
> (*Świat na krawędzi*)

Das kleine Häuschen im Bezirk Hietzing, das nebenbei gesagt so weit wie irgend möglich von der Schule entfernt war, bei der mich meine Eltern kurz zuvor angemeldet hatten, lag in der abgeschiedenen Geneegasse. Gegenüber Taxifahrern durfte man Genee allerdings nicht französisch aussprechen, sondern musste ein deutsches „g" verwenden, was schon bald zahlreiche Gäste feststellen mussten, zuvörderst Professor Bartoszewski.
Ich habe den Eindruck, als sei das wichtigste Kriterium, durch das sich Vater bei der Auswahl des neuen Heims leiten ließ, neben relativer Ruhe und Abgeschiedenheit die Garage für seinen geliebten, großen gelben

Mercedes gewesen. Denn die Fassade bestand neben dem erwähnten, nicht besonders einladend wirkenden Beton vor allem aus dem Blech des großen Garagentores.

Das kubische Gebäude war gemütlich, aber nicht besonders gut geschnitten. Vater belegte für sein Arbeitszimmer und sein Schlafzimmer Räume im ersten Stock, die bald schon mit Bücherregalen angefüllt waren. Diese Regale bestanden zwar aus Spanplatten, waren aber gar nicht einmal besonders billig, doch sein Schreibtisch unterschied sich deutlich von jenem Standard, den ein Literat sich wünscht, wenn er nicht zugleich ein begabter Heimwerker ist. Unaufhörlich klebte ich dieses oder jenes an, denn wenn Vater die Schubladen aufzog, hielt er häufig den Knauf in der Hand, und wenn dieser wieder sorgfältig angeschraubt und angeklebt war, dann fielen die Schubladen auseinander, bis eines Tages sogar die Tischplatte einknickte. Dennoch widerstand der Schreibtisch ganz offensichtlich den Unbilden der Zeit, da nun schon seit vielen Jahren Radek Knapp an ihm nach Eingebung sucht, ein österreichischer Schriftsteller polnischer Herkunft, der zu den Freunden der Familie gehörte.

Mutter bezog das Nachbarzimmer. Doch dann stellte sich heraus, dass in dem einzigen weiteren Zimmer kein Platz für ein Bett war, so schmal es auch gewesen wäre. Und so schlief ich eine Zeitlang auf dem Sofa im Esszimmer. Später fertigte ein Schreiner eine Holzwand, um vom L-förmigen Wohnzimmer etwa ein Dutzend Quadratmeter abzutrennen, und so schuf er ein Zimmer für mich. Als die Wand aufgerichtet wurde, wäre Mutter um ein Haar von ihr erdrückt worden. Zum Glück geschah ihr nichts, eine Zeitlang sah es aber so aus, als hätte der Schreiner, der vor Schreck ohnmächtig geworden war, Hilfe nötig. Wir kannten damals die behördlichen und rechtlichen Vertracktheiten in Österreich noch nicht so gut, weshalb wir den Schwächeanfall des Schreiners als Sorge eines gutherzigen Menschen um Mutters Gesundheit interpretierten. Doch der mehrjährige Aufenthalt in Österreich lehrte uns, dass sein Erschrecken höchstwahrscheinlich durch die Aussicht ausgelöst wurde, unweigerlich mit Beschuldigungen wegen gesundheitlicher Beeinträchtigungen und hohen finanziellen Entschädigungen konfrontiert zu werden, die seine Firma ruiniert hätten.

Hinter dem Haus gab es eine Rasenfläche, deren Mähen zu meinen Pflichten gehörte, was wegen ihrem Neigungswinkel nicht leicht war. Auch ein Zwetschgenbaum wuchs dort, der großartige Früchte trug.

Berlin 1983, Wien 1983–1988

Auf dem Hügel, an dessen Hang unser Haus lag, breitete sich das Hauptquartier des staatlichen Fernsehens aus. Vor dem mächtigen Gebäude war ein Springbrunnen gebaut worden, den etwas umgab, das aus der Ferne wie ein riesiges Schwimmbecken aussah, jedoch nur wenige Zentimeter tief war, damit sich das moderne Bauwerk in der Wasseroberfläche spiegeln konnte. Das Fernsehgebäude sah ich oft bei meinen Spaziergängen mit dem Hund, den wir uns zugelegt hatten, ein Dackel, der offiziell Proton hieß, inoffiziell aber Tupcio genannt wurde.

Der Bezirk erfüllte die in ihn gesetzten Hoffnungen – es war ruhig und abgeschieden. Aus meiner Sicht war eine negative Folge unseres Fortzugs aus dem Zentrum die Notwendigkeit, rund fünfzehn Kilometer Luftlinie bis zu meiner Schule zurücklegen zu müssen – und später dieselbe Strecke wieder nach Hause. Dadurch verlor ich täglich drei Stunden für die reine Fahrtzeit.

Dafür befand sich ganz in der Nähe eine Konditorei, dank derer sich die Liste der Köstlichkeiten, die Vater mitbrachte, deutlich verlängerte. Zu den Lieblings-Süßigkeiten gehörten Prinz-Eugen-Torte, hauptsächlich aus Zuckerguss bestehende rosafarbene Teilchen mit Punsch, Sacher-Torte (ich durfte eine Holzkiste aufheben, in der diese Torte verkauft wurde), aber auch Schokolade mit Pistazien und Marzipan in Form eines roten Herzens, mit der Darstellung eines Schornsteinfegers und einer Dame im Ballkleid. Seine Süßigkeiten teilte Vater mit seiner Familie, allerdings nur bei besonderen Anlässen – oder wenn er auf frischer Tat ertappt wurde.

Die ganze, fast sechs Jahre währende Zeit unseres Aufenthalts in Wien befand sich Vater aufgrund der Lage in Polen in einer Depression. Es gab Zeiten, in denen er mehrere Tage lang im Schlafanzug durchs Haus strich. Später gab er zu, über die »Endlösung« all seiner Probleme nachgedacht zu haben, und zwar mit Hilfe eines seichten Teiches in der Nähe der Glorietta, eines über Schloss Schönbrunn thronenden Gebäudes, wohin wir oft spazieren gingen. Davon abgebracht habe ihn das Gefühl, dass dies nicht ästhetisch aussehen würde. Wenn er sich nicht gerade mit Selbstmordgedanken beschäftigte, musste er schwere Operationen über sich ergehen lassen, wobei sich hier das Motto dieses Kapitels geradezu aufdrängt, da die Lage aus medizinischer Sicht zwar ernst war, doch trotz der Perspektive, dem Jenseits nahezukommen, konnte man sich am Ende ein (bitteres) Lachen nicht verkneifen.

– Als Beweis meiner Dankbarkeit möchte ich Ihnen ein Buch von mir mit meiner Unterschrift schenken – sagte Vater nach einer Operation zu einem Chirurgen.
– Danke, das ist sehr nett. Nur schade, dass ich es nicht lesen kann.
– Warum?
– Ich kann nicht lesen. Ich leide unter Netzhautablösung.
– ?

Als wir nach Hause kamen und uns in den Haufen Papiere vertieften, die uns das Krankenhaus bei der Entlassung mitgegeben hatte, erfuhren wir mit noch größerer Verwunderung, dass die Operation angeblich von einem anderen Chirurgen durchgeführt worden war, von dem wir wussten, dass er sich in dieser Zeit gerade im Ausland aufhielt.
Einige Telefonate brachten Licht in das Dunkel der Dokumente. Der schlecht sehende Chirurg durfte schließlich nicht operieren, weshalb er sich durch seinen Kollegen vertreten ließ. Aber nur auf dem Papier.

Der Dackel hoch am Himmel
Mein Kurzhaardackel Proton war aus Krakau nach Wien gebracht worden. Bald stellte sich heraus, dass er nicht Proton hieß, sondern Tupcio, und dass er nicht mir gehörte, sondern Mutter.
Vater hegte große Sympathie für ihn, und der Hund zeigte sich erkenntlich, indem er ihm Gesellschaft leistete, vor allem während der Mahlzeiten. Als sich die politische Lage schon vor 1989 etwas stabilisierte, gewann das Bedürfnis, nach so langer Trennung die Familie in Polen wiederzusehen, Oberhand, und Mutter und ich begannen hinzufahren – anfangs gegen Vaters entschiedenes Protestieren, der befürchtete, dass man uns irgendwann nicht mehr aus Polen herauslassen werde.
Der Zug trug den Namen Chopin. In ihm war es hässlich, schmutzig, im Winter fiel die Heizung oft aus (oder wurde von jemandem ausgeschaltet), und die Reise dauerte eine ganze Nacht. An der österreichisch-tschechoslowakischen Grenze hielt er für mehrere Stunden, und der Stil, in dem die Zöllner mit ihren Hunden die Abteile durchsuchten, ließ an das stereotype Bild von SS-Leuten in polnischen Filmen denken. Eine ähnlich sorgfältige Kontrolle, allerdings ohne Hunde, fand an der polnischen Grenze statt.

Reisen mit Tupcio waren anstrengend. Transitreisende durften auf tschechoslowakischem Staatsgebiet nicht aussteigen, und die Schaffner, die verlangten, für eine Reise mit Hund ein ganzes Abteil zu reservieren, waren alles andere als begeistert, wenn der vierfüßige Passagier sich anschickte, seine Bedürfnisse auf dem Gang zu erledigen.
Mutter beschloss dann, ein Experiment zu wagen – ich fuhr mit dem Zug, der Hund und meine Eltern (Vater hatte sich endlich entschlossen, uns zu begleiten) machten sich mit dem Flugzeug auf den Weg nach Krakau. Die Reise war gelungen, auch wenn Vater die Worte des Piloten etwas aus der Fassung brachten, der sich während des Flugs ein wenig zu ihm setzte. Dieser brachte nämlich seine Freude darüber zum Ausdruck, dass »dieses Mal« kein Triebwerk beim Start ausgefallen sei, so wie am Vortag. Vater fragte, ob das Flugzeug mit einem beschädigten Antrieb nicht auch starten könne. Der Pilot erklärte lächelnd: »Nein, wohl kaum« und fügte dann hinzu, dass man ein Flugzeug, wenn es schon eine bestimmte Geschwindigkeit erreicht habe, nicht mehr am Boden anhalten könne.
Vater kam oft auf sein Gespräch mit dem Piloten zurück, es muss großen Eindruck auf ihn gemacht haben.
Als Passagier verhielt sich Tupcio anständig, doch jedes Mal, wenn Turbulenzen das Flugzeug schüttelten, schaute er sein Frauchen vorwurfsvoll an. Auf dem Rückweg führte die Gegenwart eines Hundes zu einem bürokratischen Problem. Die Fluggesellschaft hatte nämlich festgelegt, dass sich in der Passagierkabine nur kleine Hunde mit einem Gewicht von nicht mehr als zehn Kilogramm aufhalten dürfen. Größere Hunde – und zu diesen zählte unser rubensartiger Dackel – mussten in besonderen Kisten im Laderaum mitfliegen.
Michał, der sie zum Flughafen begleitete, behielt einen kühlen Kopf. Er griff den Hund, stellte ihn auf die Waage, der Zeiger neigte sich gefährlich weit nach rechts und passierte die »15«. Da griff er den Hund kräftig unter dem Bauch, sagte der Stewardess freudestrahlend »genau zehn Kilo« und stellte ihn sofort wieder auf den Boden.

*

In unser Haus in der Geneestraße kamen zahlreiche Gäste aus Polen, Vaters Freunde, Familienmitglieder, Verwandte, Bekannte, Journalisten. Einige besuchten uns nur kurz, andere blieben länger. Ein entfernter Verwandter, seiner Ausbildung und Leidenschaft nach Ingenieur, redete

beim Abendessen so lange über Sinterhartlegierungen, dass Vater über seinem Teller fast eingeschlafen wäre. Einige Besuche waren völlig überraschend. So war einer meiner Wiener Teenagerfreunde von zu Hause ausgerissen und hatte nach einer Nacht in einer Telefonzelle beschlossen, eine bequemere Unterkunft zu finden. Mutter verhandelte ziemlich lange mit ihm, bevor er es ihr gnädigerweise erlaubte, seine Eltern darüber zu benachrichtigen, dass er zwar ungewaschen, jedoch heil und gesund war. Von den Gästen größeren Kalibers beeindruckte mich besonders der Besuch von Zdzisław Najder, dem damaligen Direktor von Radio Freies Europa, der 1983 von einem polnischen Militärgericht in Abwesenheit wegen Spionage zum Tode verurteilt worden war. Vor seinem Eintreffen wurde mir eingeschärft, diesen Besuch unter keinen Umständen nie und niemandem gegenüber zu erwähnen, weshalb ich mich sogar jetzt, nach dem Systemwandel und der Aufhebung von Najders Urteil 1990, nicht wohl fühle, wenn ich darüber schreibe.
– Hier spricht ein Gehenkter – stellte sich Najder fröhlich vor, als er Vater anrief. Manchmal nannte er sich auch Najder-Beelzebub.
Nach Najders Besuch befand man, dass ich mittlerweile erwachsen genug sei, um mir andere Geheimnisse mitzuteilen. Und so erfuhr ich, dass Vater unter dem Pseudonym »P. Znawca« für die Pariser Exilzeitschrift Kultura schrieb, und dann wurde mir sogar die Ehre zuteil, einen der Texte zu lesen, um alle Ausdrücke daraus zu entfernen, die wegen ihres Stils die eindeutige Identifizierung des Verfassers ermöglicht hätten. Das war keine einfache Aufgabe, denn Vater hatte nach Sienkiewicz klingende Wörter liebgewonnen, so wie »*dlaboga*« (Um Gottes Willen), »*wprzódy*« (zunächst) usw. – durch die er, nebenbei bemerkt, alle Lemologen fesselte, mit Professor Jarzębski an der Spitze –, und er war keineswegs bereit, sämtliche Korrekturen zu übernehmen.

*

Häufige Gäste im Haus in der Geneegasse waren Professor Bartoszewski und seine Gattin. Vater hatte Bartoszewski 1982 in Berlin kennengelernt, als er ebenfalls Stipendiat des Wissenschaftskollegs war. Die Herren freundeten sich sehr miteinander an. Bartoszewski tauchte in der Geneegasse immer in großer Eile auf, die alle seine Aktivitäten im Leben auszeichnete, lachend, schon in der Haustür mit lauter, typischer Stimme rufend:
– Hallo Staszek! Ich komme für ein paar Tage zu Euch!

Die Herren führten lange, ernste Gespräche, und auch wenn sie bei ihrem Zusammentreffen meistens bedächtig waren, so verstanden sie es auch, sich manchmal gegenseitig in eine fröhliche und schelmische Stimmung zu versetzen. Einige Male hörte ich, wie Bartoszewski einen Vorkriegsschlager summte, von Bodek, der verzweifelt nach einer Toilette suchte, und als er einmal auf ein Taxi wartete, das ihn zum Flughafen bringen sollte – vielleicht nach einem bitteren Gespräch über die immer noch lebendige, wenn auch gut verborgene Sympathie einiger Österreicher für Hitler – sang er mit Vater das *Horst-Wessel-Lied*:

> Die Straße frei den braunen Bataillonen
> Die Straße frei dem Sturmabteilungsmann…

Der Wiener Taxifahrer, ein korpulenter Mann um die sechzig, betrachtete den ehemaligen Auschwitz-Häftling unruhig und sagte leise, mit vorwurfsvollem Unbehagen:
– Das ist doch verboten!

AIS
Bald stellte sich heraus, dass die Wiener Schule nicht einfach nur eine normale weiterführende Schule war. Ihre überdurchschnittlich engagierten Lehrer steckten uns oft mit ihren Leidenschaften an, und Vater, der eigentlich auf Abstand von Menschen ging, freundete sich mit einigen sogar an. Der Physiklehrer Hermann Prossinger, mit langem, dichtem Bart und einem Doktortitel (was in Schulen mindestens untypisch war), wurde gelegentlich zu uns zum Abendessen eingeladen, und eines Sommers besuchte er sogar unser Haus in Polen (allerdings in unserer Abwesenheit). Die »Schreibschule« leitete der Schriftsteller Jonathan Carroll. Beide erkannten die irgendwie in mir schlummernden Talente – sie konnten sich nur nicht einigen, auf welchem Gebiet. Der eine drängte mich zu der von ihm geliebten theoretischen Physik, der andere erkannte in den ungelenk aneinandergereihten englischen Sätzen ein angebliches schriftstellerisches Talent – jedenfalls ein Fehlen von Talentlosigkeit, wobei ich voll mit Vater übereinstimmte, dass der beste Rat, den ein Schriftsteller einem angehenden Berufsgenossen erteilen kann, lautet: Bitte erwerben Sie eine Ausbildung und bemühen Sie sich um einen richtigen Job, der mit der Schriftstellerei nichts zu tun hat.

Berlin 1983, Wien 1983–1988

Abb. 33: Władysław Bartoszewski zu Besuch bei Stanisław Lem, Wien Ende der 1980er Jahre

Die Kontakte mit den Lehrern entstanden meistens bei den Elterngesprächen, vor denen sich Vater am liebsten gedrückt hätte, doch nur er sprach fließend Deutsch. Deshalb konnte er sich mühelos mit Doktor Prossinger verständigen, der Österreicher war, sowie mit der tschechischen Deutschlehrerin, einer Emigrantin von 1968. Größere Mühe hatte er in den Gesprächen mit den englischsprachigen Lehrern, vor allem weil er behauptete, kein Englisch zu können, zumindest kein »gesprochenes Englisch«. Schließlich hatte er als Autodidakt seit mehreren Jahrzehnten Englisch gelesen und zuweilen auch geschrieben. Doch schon bei den ersten Elterngesprächen stellte sich heraus, dass er sich gar nicht schlecht verständigen konnte.

Da sie ihren Sohn auf eine Privatschule schickten, glaubten meine Eltern anfangs, das Lob, das sie bei den Elterngesprächen zu hören bekamen, diene vor allem dazu, sie in der Überzeugung zu bekräftigen, die richtige Bildungsanstalt ausgesucht zu haben. Mutter war jedoch mehrfach Zeugin von Gesprächen der Lehrer mit anderen Eltern, auf deren Gesichtern sich nach dem Gespräch mit Mr. Carroll oder Dr. Prossinger (vor allem mit letzterem) Beunruhigung abzeichnete, um nicht zu sagen – Entsetzen. Sie berichtete mir damals von ihren Gedankengängen, und ich war darüber ziemlich erheitert.

Der Mathematiklehrer, Mr. Berryman, den meine Eltern auch sehr liebgewannen, kämpfte mehrere Jahre lang gegen Leukämie. Er war herzensgut, ein geborener Lehrer, er widmete uns jeden Augenblick, kaum dass er aus dem Krankenhaus entlassen wurde. Zur Erinnerung erhielt ich von ihm ein sechshundert Seiten dickes Mathematiklehrbuch. Das Geschenk war umso seltsamer, als ich es aus dem Jenseits erhielt. Eines Tages, mehrere Monate nach seinem Tod, erreichte mich aus Amerika ein an mich adressiertes Päckchen, das seine Witwe abgeschickt hatte. Darin befand sich das Buch mit der Widmung des weitsichtigen Mathematiklehrers. Das Bewusstsein, dass er in so schwierigen Momenten die Zeit und Kraft fand, um an seine Schüler zu denken, rang Vater die größte Hochachtung ab.

In der elften Klasse meldete ich mich bei dem von Jonathan Carroll geleiteten Unterricht in *creative writing* an, also in einer »Schreibschule«. Ich tat das nicht in der Absicht, in Vaters Fußstapfen zu treten, sondern weil Carroll ein beliebter Lehrer war. Seinen Unterricht hielt er frei ab, mit großem Gefühl für Humor. Obwohl er die Erstlingswerke seiner Schützlinge ehrlich bewertete, tat er dies so taktvoll, dass diese von seinem Urteil nicht erschlagen wurden. Vater schaute mir manchmal aus Neugier über die Schulter, doch keine meiner literarischen Übungen rief bei ihm größeres Interesse hervor. Mit Ausnahme von einer. Es war dies eine kurze Geschichte über einen Mann, der regelmäßig in den Zirkus ging, um den Auftritten eines seiltanzenden Mädchens zuzusehen. Das Mädchen tanzte an einem Sicherheitsseil, doch der Mann knüpfte sie immer ab und hielt sie in der Hand, was das Mädchen nicht wusste. Höhepunkt der Erzählung war eine Szene, in der dem Mädchen ein Bein wegrutschte. Der Mann hielt einen Augenblick lang »ihr Leben in der Hand«, doch nach kurzem Zögern ließ er das Seil los.

Vater fragte ungläubig, wie ich darauf gekommen sei, und als ich wahrheitsgemäß antwortete, dass ich es mir ausgedacht hätte, wiegte er den Kopf, aber wohl nicht mehr ungläubig, da er selbst oft sagte, dass seine Werke sich selbst schreiben würden oder dass »etwas mit ihm schreibe«.

Berlin 1983, Wien 1983–1988

Abb. 34: Vater und Sohn beim Schachspielen, Wien 1989

Leider war dies das einzige Werk, das Vaters größeres Interesse hervorrief, dabei schrieb ich seit meinen frühesten Jahren. Schon lange bevor ich in die Grundschule kam, hämmerte ich auf einer Schreibmaschine Erzählungen über Könige und Königinnen, zu deren Ehren Trommelwirbel erklangen. Ich gab mich keinen Selbsttäuschungen hin und befand, dass es das Beste wäre, mir eine andere Beschäftigung als die Schriftstellerei zu suchen.

Die Maturaarbeit

Die Wiener Schule ermöglichte es, die internationale Matura abzulegen, die größere Möglichkeiten bei der Studienwahl bot. Als eine Fremdsprache wählte ich Polnisch, da ich seit einiger Zeit von dem Komplex geplagt wurde, es zu vergessen, so wie es mehr oder weniger stark bei einigen ebenfalls ausgewanderten Freunden geschah. Ihnen wollte ich nicht nacheifern, und da noch eine umfangreiche Maturaarbeit zu schreiben war, verfiel ich auf den Gedanken, dass auch diese auf Polnisch geschrieben werden müsse. Nachdem meine Betreuerin ihr Einverständnis erklärt hatte, begann ich ein Thema zu suchen. Die Idyllen von Szymonowic, für die mich meine Nachhilfelehrerin interessieren wollte, eine ungemein wohlwollende Polonistin, die an der Wiener Universität unterrichtete, riefen bei mir keine Begeisterung hervor.

Die erste Geige bei meinem Aufstand gegen den Maturakanon spielte natürlich Vater, der sich lebhaft dafür interessierte, was uns die Polnischlehrerin beibrachte (»MUSS mein Sohn, um die Hochschulreife zu erwerben, tatsächlich die Idyllen von Szymonowic kennen?«). In seinem typisch kompromisslosen Stil äußerte er sich über das Niveau der literarischen Lektüren, über die intellektuellen Mängel einiger Autoren und nannte schließlich Namen von Klassikern, die er nie gelesen habe, »weil man das nicht lesen kann«. Nach einer längeren Tirade verließ er das Zimmer, indem er etwas über untalentierte Schreiberlinge brummte, und die arme Lehrerin errötete vor Scham, so als habe Vater sie bezichtigt, diese Werke selbst geschrieben zu haben.

Eines Tages hatte er – wie es schien – einen großartigen Einfall. Und zwar sollte ich die Maturaarbeit über seine *Kyberiade* schreiben. Das war auf den ersten Blick eine ideale Lösung: Vaters Name tauchte im Maturakanon auf, also konnte man formal gesehen diesem Vorschlag nichts entgegensetzen. Im Gegensatz zu seinen ersten Büchern mochte Vater die *Kyberiade*, und so konnte man auch damit rechnen, dass er meinen Bemühungen gegenüber wohlgesonnen sein würde. Auch war wenig wahrscheinlich, dass die Arbeit aufgrund der Person des Autors torpediert werden würde.

Von der Polnischlehrerin instruiert, machte ich mich an die Arbeit. Es war nicht schwer, sich den Rahmen dieser Arbeit und ihr allgemeines Niveau vorzustellen. Sie sollte vor allem belegen, dass der junge Verfasser sich des Polnischen korrekt bedient – dass er den Text, über den er schreibt, gelesen hat, dass er ihn halbwegs verstanden hat und ihn in Bezug zu anderen, ähnlichen Werken setzen kann. Alles dies musste noch mit literaturwissenschaftlicher Matura-Staffage, Fußnoten, einem Literaturverzeichnis usw. aufgehübscht werden.

Der immer länger werdende Text verschwand von Zeit zu Zeit unter geheimnisvollen Umständen von meinem Schreibtisch und tauchte dann wieder auf. Das zeugte von Vaters Interesse, der meine Fortschritte bei Tag und bei Nacht verfolgte. Doch je mehr die Arbeit voranging, desto trübseliger wurde Vater, er wurde mürrisch und wortkarg. Schließlich sprach er mich nach einer stürmischen Beratung mit Mutter an:

– Tomasz, ich habe gerade mit deiner Mutter geredet… – begann er.
– Und ich habe ihr versprochen – fuhr er fort und seufzte unwillkürlich – dass ich nicht im Geringsten beeinflussen werde, was du tust. Das ist deine Arbeit und du bist ihr Autor. Aber ich darf dir wohl einige Ratschläge geben, oder? Vor allem weil mich schließlich etwas mit diesem Werk verbindet, über das du schreibst… Also, ganz kurz: Du erwähnst in deiner Arbeit allzu selten den Strukturalismus und den Poststrukturalismus, doch die Idee, Tzvetan Todorov ganz wegzulassen, verstehe ich überhaupt nicht. Seine Ansichten, die sich aus der Mengenlehre ableiten, müssen natürlich einer vernichtenden Kritik unterzogen werden, da bei der Klassifizierung der Welten fantastischer Belletristik, wie ich das in meinem Essay *Der Marquis im Graph* in der Januarausgabe 1979 von TEKSTY dargelegt habe, den du sicherlich gelesen hast, die Spieltheorie anzuwenden ist, aber Todorovs Ansatz darf nicht übergangen werden, denn das wäre methodisch nicht korrekt. Aber vielleicht irre ich mich, denn niemand ist unfehlbar. Angesichts dessen erkläre mir das bitte; erläutere mir deine Absichten! Also bitte, Tomasz!
Ich erklärte, dass ich ausgerechnet dieses Heft von TEKSTY, das erschienen war, als ich elf Jahre alt war, nicht gelesen hatte. Ich berief mich auf die Polnischlehrerin, zeigte Vater Zettel mit Notizen und Hinweisen, auf denen von Strukturalismus und Poststrukturalismus nichts zu finden war, und auch nicht von Todorov, einem französischen Literaturtheoretiker, der sich mit Semiotik und struktureller Sprachwissenschaft beschäftigte. Hinter geschlossener Tür hielt Vater ein längeres Gespräch mit Mutter ab, das erstaunlicherweise Erfolg hatte, denn in den nächsten paar Tagen beruhigte sich die Situation. Vater hörte auf, mein Tun ständig zu verfolgen, und sogar seine Stimmung heiterte sich auf. Das war freilich nur die Ruhe vor dem Sturm, doch am Unglückstag ahnte ich nichts:
– Tomasz! – rief er und lief mit einem dicken Manuskript in der Hand die Treppe herunter, zwei Stufen auf einmal nehmend, was er selten tat.
– Tomasz, Heureka! Ich habe für dich eine großartige Nachricht. Freu dich. Ich habe hier deine Maturaarbeit! Sie ist geradezu perfekt!
Auf einer Papiermappe mit den durchgestrichenen Worten »Abrechnungen« und »DER SCHNUPFEN unkorr.« war eine unheilverkündende Aufschrift zu sehen: TOMASZS ARBEIT, und darunter der Titel: »Die Märchenwelt von Stanisław Lems *Kyberiade*«.

Obwohl ich sofort Mutter als Vermittlerin zu Hilfe rief, verhandelte Vater aus harten und unversöhnlichen Positionen und verlangte bedingungslos, den von ihm verfassten Text als Maturaarbeit einzureichen – einen Text auf gutem Niveau, kein Geschreibsel eines Gymnasiasten. Das Argument, dass es doch wichtig sei, meine Arbeit eigenständig zu schreiben und nicht, dass sie gut ist, half nicht viel weiter.
Nach langen, stürmischen und schwierigen Unterhandlungen akzeptierte Vater die Entscheidung, dass ich seine Hilfe nicht in Anspruch nehme, wollte aber die Motive, die ich anführte, nicht gelten lassen. Zu seinem eigenen Vorteil rationalisierte er mein Verhalten und war mir aus zwei Gründen gram: Nicht genug, dass ich mich als nicht genügend schlau erwiesen hatte, um den kolossalen Unterschied zwischen dem Niveau seines und meines Textes zu erkennen, sondern ich hatte ihn auch noch auf rein zwischenmenschlicher Ebene enttäuscht, indem ich seine selbstlose, von Herzen kommende Hilfe zurückwies.

*

Die in Wien geschriebene Maturaarbeit von Stanisław Lem über die *Kyberiade* von Stanisław Lem hat sich in seinem Archiv erhalten, sie ist eine interessante und lehrreiche Lektüre. Abgesehen von ihrem Erkenntniswert kann man sich mit ihr Gedanken darüber machen, wie viel Mühe Vater investierte, um sich in einen strebsamen Achtzehnjährigen zu versetzen und wie sehr ihn meine seelenlose und unverständige Haltung enttäuscht haben muss.

Stanisław Lem schaut über die Schulter

Vater kann man kaum zu denjenigen Menschen zählen, die im Alltagsleben besonders »einfach« sind, doch erst wenn man den richtigen Maßstab anlegt, wenn man ihn mit anderen Gattungsvertretern vergleicht, mit anderen berühmten Künstlern, die sich im Privatleben selten durch Beherrschung, Empathie oder Rationalität auszeichneten, so stellt ihn dies in ein ganz anderes Licht: Im Vergleich etwa zur Familie eines Thomas Mann hatten Mutter und ich es geradezu hervorragend.
Doch Vaters Verhältnis zur Wirklichkeit war locker. Wichtiger, als einen Gesprächspartner wertzuschätzen oder anzuhören, war die eigene Selbstprojektion, die oft jedes Gespräch vollkommen lähmte, vor allem mit den engsten Familienangehörigen. Vater ging nämlich davon aus, dass

er wisse, was sein Gesprächspartner ihm sagen wolle, weshalb er sich zur Zeitersparnis (vor allem zur Ersparnis seiner eigenen Zeit) dazu berechtigt fühlte, ihn nicht zu Wort kommen zu lassen, und Philippiken gegen seine angeblichen Ansichten verkündete oder sie ad absurdum führte. Halb so schlimm, wenn es um die Theorie der literarischen Forschung ging und er sie in einem seinen Widersacher verspottenden Essay darlegte. Schlimmer, wenn es um die Entscheidung ging, was zu tun war, wenn wir uns im Urlaub verfahren hatten. In solchen Situationen gelangte Vater manchmal zu dem Schluss, dass gar kein Weg zum Ziel führe. Als wir in Österreich lebten, mussten wir bei unseren Fahrten ins heimatliche Krakau, die wir manchmal zu Weihnachten unternahmen, zwangsläufig durch die Tschechoslowakei reisen. Ich erinnere mich daran, dass ich als Teenager vor einem großen Wegweiser mit der Aufschrift »Senec« mindestens eine Stunde lang alleine im Auto verbrachte. Meine Eltern hatten sich darüber gestritten, in welche Richtung man nun abbiegen müsse, genauer gesagt hatte Vater Mutter so lange auseinandergesetzt, dass wir nie zum Ziel gelangen würden – egal, ob wir nach rechts oder nach links fahren –, dass beide in höchster Empörung ausstiegen und in unterschiedlicher Richtung fortliefen. Zu ergänzen ist, dass Vater, diesbezüglich hundertprozentig ein Mann, nie seine Ehre befleckte, indem er nach dem Weg fragte.

Mit Vater zu reden, vor allem dann, wenn er nachdenklich war – was er meistens war –, stellte eine Herausforderung nicht nur für Personen dar, die nicht eingeweiht waren, sondern auch für die engste Familie. Insbesondere beherrschte er die Kunst der Camouflage ziemlich gut, etwa wenn er, um ein Gespräch am Laufen zu halten, hin und wieder mehr oder weniger sinnvolle, meist einsilbige Fragen stellte (was? wann? echt?), die von seiner aktiven Beteiligung an der Unterhaltung zeugen sollten, der er nicht zuhörte. Als Beweis dafür, dass er eifrig lausche, war er auch bereit, ein längeres Fragment des soeben gehörten Satzes zu wiederholen. Jahre der Erfahrung ermöglichten es Mutter, eine Rangliste der väterlichen Antworten aufzustellen, die verrieten, wie sehr er über den Gegenstand des mit ihm geführten Gesprächs Bescheid wusste – oder auch nicht. Zu den beliebtesten Wendungen, die bei uns ein Warnlicht aufleuchten ließen, gehörten vor allem »*dobze*« [ein nachlässig ausgesprochenes *dobrze*, »gut«] oder *bę*, also ein verdrehtes französisches *bon*.

– Staszek, mach langsam, ich bitte dich, überhol jetzt dieses Auto –
sagte Mutter zum Beispiel vor einer scharfen Kurve.
– *Dobze* – antwortete Vater und gab Gas.
Oder:
– Hinter der Kurve kommt ein Kreisel, an dem wir nach links fahren –
sagte die in die Karte vertiefte Mutter.
– Nicht nach rechts?
– Nach links.
– *Bę* – entgegnete Vater und betätigte den rechten Blinker.
Kurz gesagt bedeuteten *dobze* und *bę* nichts anderes, als dass Vater zur
Kenntnis nahm, dass ein Gesprächspartner seine Ansicht über einen bestimmten Sachverhalt äußerte, während er beabsichtigte, seinem eigenen
Urteil nach zu handeln.
Das Nichtzuhören in Verbindung mit seinem radikalen Rationalismus
führte gelegentlich zu seltsamen Dialogen.
Als er die Treppe hinunterging, schaute Vater einmal ins Zimmer seiner Schwägerin, und weil er dort nur den alten, blinden Dackel Bej sah,
löschte er das Licht.
– Ich habe bei dir das Licht ausgemacht –, sagte er daraufhin – denn es
hat unnötigerweise gebrannt.
– Schade, denn Bej war dort – antwortete die Schwägerin.
– Und wozu braucht er Licht?
– Er liest abends manchmal ganz gerne.
– Liest? – wunderte sich Vater. – Wie denn das? Er ist doch blind!!

In besonders schwierigen Fällen war es die einzige Methode, zu Vater
vorzudringen, wenn man seinen Standpunkt in schriftlicher Form formulierte, wobei das kurz gefasst und mit der Maschine geschrieben sein
musste. Man musste noch sicherstellen, dass Vater den Text nicht nach
seiner Gewohnheit »diagonal« las (wie er das selbst nannte). Diese Lesegewohnheit erfordert eine Erläuterung. Vater zufolge war dies eine Methode, die es erlaubte, sich nicht so sehr mit dem Inhalt als innerhalb
weniger Minuten mit dem Wesenskern eines Buches oder eines Artikels
vertraut zu machen – und vielleicht gelang das tatsächlich auch manchmal. Häufiger trug das diagonale Lesen aber Früchte wie diesen Dialog:
– Staszek, wie hat dir der Artikel von Herrn X über Giedroyc im Tygodnik Powszechny gefallen?

Berlin 1983, Wien 1983–1988

Abb. 35: Arbeitszimmer und Bibliothek

– Was für ein Artikel?
– Aber Staszek, da ist doch eine ganze Beilage, die Giedroyc gewidmet ist!
– Die letzte Nummer des Tygodnik habe ich offensichtlich diagonal gelesen – antwortete Vater und kratzte sich am Kopf.

*

Die Familie wurde regelmäßig in Kämpfe hineingezogen, die Vater mit verschwindender unbelebter Materie ausfocht.
Als einmal unter geheimnisvollen Umständen die Autoschlüssel verschwanden, erließ er, im Sessel sitzend, Anordnungen, wo zu suchen sei, und erstickte schon im Keim schüchterne Fragen, ob sich der verlorene Gegenstand nicht zufällig in der Hosentasche oder in der Schreibtischschublade befinde. Halb so schlimm, wenn die Schlüssel sich innerhalb des Hauses fanden, denn der Heuschnupfen führte dazu, dass er sich

ebenso gut auch an jedem Ort hätte befinden können, wo Vater auf dem Rückweg vom Kiosk in der Siedlung das Taschentuch herausgenommen hatte. Nebenbei bemerkt betraf das genauso auch Kleingeld, ja sogar größere Geldbeträge, wenn das Wechselgeld in eine Hosentasche mit Taschentüchern geraten war (in Wien sammelte ich einmal, als ich Vater hinterherging, rund dreihundert Schillinge ein). Die Schüssel fanden sich am Ende immer, zum Beispiel zwischen den Polstern des Sessels, aus dem Vater nicht aufstehen wollte. Manchmal ging es aber nicht ohne Eingreifen des heiligen Antonius. An dessen Existenz, also auch an dessen Hilfe, glaube Vater freilich nicht, doch wenn das Gespenst der Eile ihm in die Augen schaute, wurden auch übernatürliche Kräfte zur Hilfe zugelassen, wenn auch nur durch die Hintertür (das Verhandeln überließ er seiner Frau). Ähnlich verhielt es sich mit verloren gegangenen Büchern und Zeitschriften, wobei man bei Zeitschriften stets einen Schatten des Verdachts auf die Suchenden fallen lassen konnte, was zu einem Schuldgefühl und noch eifrigerem Suchen führte. Als ein Heft der SCIENCE nicht auffindbar war, wurde die ganze Bibliothek auf den Kopf gestellt. Im Hintergrund monologisierte Vater darüber, wie sehr er die verlorene Nummer für seine Arbeit benötige. Als das verstaubte Heft, nach zweitägigem Durchkämmen der Regale, unter einem Stapel anderer Zeitschriften entdeckt wurde, brummte Vater »*dobze*«, schaute noch nicht einmal hinein und stellte es in eine Ecke. Doch das größte Durcheinander entstand, als ein Zettel mit der Telefonnummer des Geschäfts verloren ging, in dem Wojtek, Vaters Sekretär, einen Baumkuchen bestellt hatte, der anschließend mit großem Pomp durch einen Lieferdienst gebracht wurde. Wegen dieses Baumkuchens wurde das ganze Haus aufgescheucht.

*

Die Kunst, die Angehörigen aus dem Gleichgewicht zu bringen, indem man ihnen über die Schulter schaute (ohne irgendeine böse Absicht, eigentlich mit einer großen Dosis guten Willens), hatte Vater bis zur Perfektion gebracht, und wenn einmal ein *Guinness-Buch der Rekorde* diese Kategorie berücksichtigen sollte, so würde er hier unanfechtbar siegen. Es gab prinzipiell zwei Methoden. Man konnte ein Opfer unter den Bewohnern heraussuchen, das etwas tat, was große Konzentration verlangte. Nehmen wir an, dass Mutter versuchte, einen Faden in ein Nadelöhr einzufädeln, oder dass ich mich mit den zehn Federn des Multifunktionshebels abmühte, der in Vaters Mercedes das Licht, die Scheibenwischer und die Blinker steuerte. Es genügte, sich hinter Mutter zu stellen, ihren erfolglosen Versuchen zuzuschauen und einige wertvolle Ratschläge aus der allgemeinen Theorie des Einfädelns zu erteilen, oder sich über mir aufzubauen und die Lamellen und Drähte zu mustern, und schon stach die Nadel in einen Finger, und die Federn schossen in die entferntesten Winkel der Garage. Die zweite Methode erforderte die Verwendung eines Köders oder einer Requisite. Vater kam mit einer Zeitung oder einem Buch, und der Gesprächspartner musste sich sofort mit einem Ausschnitt daraus beschäftigen, dann stellte er sich über sein Opfer, das zu lesen versuchte, verschränkte die Hände auf dem Rücken, stöhnte und fragte alle Nase lang: »na, und?« oder »Basia, hast du's endlich?« Vater wusste, dass er einen mit diesem Verhalten aus dem Gleichgewicht brachte, und so bemühte er sich – redlich wie er war –, so taktvoll wie möglich zu warten, zum Beispiel indem er mit den Fingern an der Tür trommelte und dabei dafür sorgte, dass sich die Hand an ihrer Außenseite befand, so dass man die sich ungeduldig bewegenden Finger nicht sah.

Spiel- und Dokumentarfilme

Vater kann man nicht als Cineasten bezeichnen. Zwar war er in seiner Jugend ins Kino gegangen, später aber tat er dies aus geradezu programmatischen Gründen nicht mehr. Er betrachtete das Kino als Unterhaltung der niedrigsten Kategorie, an die es sich keine Zeit zu verschwenden lohnt, vor allem da man die meisten Filme doch ohnehin mit einem gewissen Zeitverzug im Fernsehen schauen konnte, also ohne sich aus dem Haus zu bewegen. Und an dieses »Nicht-aus-dem-Haus-Gehen« glaubte Vater innig. Zu seinen Lieblingsfilmen, die man der Kategorie der Unterhaltungsfilme zuordnen kann, gehörten diverse Variationen über das Thema King Kong, den Vater mochte. Nicht ohne Bedeutung war sicherlich, dass er den ersten *King Kong* schon in der Kindheit gesehen hatte, was damals großen Eindruck auf ihn ausübte. Ähnlich freundlich aufgenommen wurde später die Filmreihe mit James Bond. Es interessierten ihn auch George Lucas' *Krieg der Sterne*, obschon sowohl die Allgegenwart von Gravitation in den durch den luftleeren Raum eilenden Raumschiffen als auch die quer über den Bildschirm blitzenden »Laserschüsse« und »Laserschwerter« seine Abneigung hervorriefen, da die Drehbuchautoren grundlegende Gesetze der Physik missachteten. Aus ähnlichen Gründen begeisterte er sich nicht für die Serie *Raumschiff Enterprise*, die er dennoch ansah, vor allem als er schon im fortgeschrittenen Alter war, ähnlich wie die Shows des Cirque du Soleil, Charlie Chaplin und diverse Zeichentrickfilme. Wenn die Handlung zu nervenaufreibend wurde, wechselte er für einen Moment den Kanal oder ging sogar in ein anderes Zimmer, manchmal auch in die Küche. Angeblich nur deshalb, um mit seinen Mitbewohnern zu reden, doch alle paar Augenblicke lugte er um den Türrahmen, um zu schauen, ob die Gefahr schon vorüber war, und wenn das der Fall war, kehrte er vor den Fernseher zurück, wobei er nicht selten seinen Gesprächspartner mitten im Satz stehen ließ.

Was Vaters Kinogeschmack betrifft, so gab es natürlich Ausnahmen, die er ernster nahm. Zu den wichtigsten gehörte Luis Buñuel, dessen Filme er sehr schätzte. Er mochte den subtilen Humor, die Vorliebe für das Durchbrechen der Konventionen sowie einen Filmtrick, den Vater »Traumlogik« nannte. Besonders gerne sah er *Das Gespenst der Freiheit*, die Geschichte über ein verschwundenes Mädchen, das überhaupt nicht verschwunden ist, sowie über einen Scharfschützen, der auf Passanten schießt und der, nachdem er seinen Freispruch im Berufungsverfahren vernimmt, auf freien Fuß kommt und Autogramme verteilt. Vater hielt diesen Film für »geradezu vorzüglich«. Dieser Ausdruck war lediglich für künstlerische Ereignisse reserviert, die höchste Bewunderung verdienten.

Vater meinte, dass er selbst kein Glück mit Filmen gehabt habe – weder mit Spielfilmen noch mit Dokumentarfilmen.

> »Eine Regisseurin, die für unser Fernsehen eine Lem-Show machen wollte, musste ich unlängst, im April, höflich fortjagen. Am tollsten war der Anfang, Bruder. Erinnerst Du Dich an diesen Film, in dem Genosse Stalin in einem weißen Anzug Obstbäumchen gießt?[1] Und ich sollte am Anfang meinen Apfelbaum mit Hilfe zweier Roboter hochbinden. Diese Narretei schien ihr genial zu sein.« (*Aus einem Brief an Aleksander Ścibor-Rylski, Mai 1976*)

> »Gerade hat uns das Krakauer Fernsehen überfallen, um eine Intervisionssendung zu machen, also das Haus auf den Kopf gestellt, alle Türen aus den Angeln gehoben, die Türschwellen abgerissen, damit

---

1 Das war der Film *Der Fall von Berlin*.

die Kameras hereinfahren können, die Fassade mit Scheinwerfern beleuchtet, unsere Hunde in Aktion, Barbara schrecklich aufgeregt, aber am Ende, nach einem ganzen Tag Proben, ist alles irgendwie gut gegangen und sogar ohne größeren Skandal, wie es scheint.« (*Aus einem Brief an Aleksander Ścibor-Rylski, März 1966*)

Trotz seiner nicht besonders wohlwollenden Haltung gegenüber Filmteams entstanden einige gute Dokumentarfilme, über denen wie ein Stern erster Größe ein Film leuchtet, den Adam Ustynowicz für das Fernsehen von BBC drehte. Nebenbei bemerkt schenkte Ustynowicz Vater etwas, was ihm große Freude bereitete: einen Mondglobus mit allen Kratern. Anfang der Siebzigerjahre traf sich Lem mehrmals mit dem Regisseur Marek Piwowski:

»(…) wir sind in eine totale Sackgasse geraten, denn weder er noch ich wissen, wie sich Ijon Tichys Novellen filmisch umsetzen lassen.« (*Aus einem Brief an Aleksander Ścibor-Rylski, Juli 1972*)

Gespräche gab es u. a. auch mit Bareja, und zwar auch über Tichy, sowie mit Piestrak und Wajda. Diesen beiden ist die lustige halbstündige Komödie *Przekładaniec* (*Organitäten*) zu verdanken, mit dem großartigen Hauptdarsteller Bogumił Kobiela. Sie handelt von einem Rennfahrer, dem nach verschiedenen Unfällen die verletzten Gliedmaßen durch Prothesen ersetzt werden, bis er unerwartet zum Eigentum der Firma wird, die sein Gehirn »prothesiert« hat. Mit Wajda gab es später Gespräche darüber, den *Futurologischen Kongress* auf die Leinwand zu bringen, doch aus diesen Plänen ist nichts geworden. »Anläufe« zu verschiedenen Filmen gab es viele: Aus *Der Freund* sollte eine Filmnovelle werden, die Erzählungen über den Piloten Pirx (*Der Hammer*, *Albatros*, *Test*), die für abendfüllende Filme zu kurz waren, sollten als Erzählungen von Astronauten dargestellt werden, die sich in einer »kosmischen Sputnik-Station« treffen und hier ihre Erfahrungen austauschen.[2]

Vater war nicht nur von den Filmen Piestraks (*Die Untersuchung*, *Test*) wenig begeistert, sondern auch von den diversen deutschen Produktionen, von Żebrowskis *Das Spital der Vergänglichkeit* von 1980, von Tarkowskis

---

[2] Die Erzählung *Test* ist nicht mit dem gleichnamigen Film von Piestrak zu verwechseln, dem die Erzählung *Die Verhandlung* zugrunde liegt.

Solaris von 1971 und seinem späteren Hollywood-Remake. Tarkowskis Verfilmung begeisterte ihn vor allem deshalb nicht, weil der Film und das Buch von unterschiedlichen Dingen handeln. Der fundamentale Unterschied in der Sichtweise des Kosmos (ganz vereinfacht gesagt: bei Tarkowski war er abstoßend und menschenfeindlich, Vater zufolge war er eine intellektuelle Herausforderung) führte dazu, dass ihm der Film als Leinwandfassung des Romans nicht gefallen konnte. Bei Gesprächen mit dem Regisseur in Moskau, als er vergeblich versuchte, ihn von seiner Vision zu überzeugen, rief er aus:
– *Wy durak*! (Sie sind ein Dummkopf!)
Mehr als ein Jahrzehnt später brachte er aus Berlin eine dekorative, zylindrische Glaslampe mit. In dem von einer verborgenen Glühbirne erwärmten Wasser bildeten sich orangefarbene Blasen aus einer plastischen Masse. Sie veränderten immerzu ihre Form, verbanden und teilten sich, erhoben sich majestätisch und sanken nach einiger Zeit wieder herab. Vater sagte gerne, dass genau so der Solaris-Ozean aussehen müsse.
Da er von Tarkowskis *Solaris* nicht begeistert war, konnte ihn auch die Hollywood-Produktion in der Regie von Soderbergh nicht befriedigen. Der amerikanische Regisseur entwarf seinen Film anhand von Tarkowskis Interpretation, und in einem Interview gestand er, den Roman noch nicht einmal gelesen zu haben.

*

Allgemein beschränkte sich Vaters Unzufriedenheit mit der Filmkunst nicht nur auf die Verfilmung eigener Werke. Er sagte, dass die meisten zeitgenössischen Filme folgende Botschaft hätten: »Schöne Mädchen stellen sich als Mörderinnen heraus – ohne Mitleid und ohne Höschen.« Ich glaube jedoch, dass seine Verdrossenheit über den Film als solchen aus einer tiefen, verborgenen Überzeugung herrührte, dass der Film, selbst der beste, der große Bedeutung für die Gattung hat, zu denjenigen Künsten zählt, die ein kleineres Kaliber als die Literatur haben.

Kapitel 14
Rückkehr nach Polen

Je mehr gegen Ende der Achtzigerjahre die Dinge in Polen eine positive Wendung nahmen, desto häufiger beteuerte Vater, nie mehr auf Dauer in die Heimat zurückzukehren, deren geopolitische Lage ungünstig sei. Gleichzeitig beklagte er sich bei jeder Gelegenheit über Wien und die Österreicher, und immer größeres Vertrauen hatte er nicht so sehr in Gorbatschows Reformen, als vielmehr in den Untergang des Systems. Später vollzog sich alles rasend schnell, und bei den ersten (halb-) freien Wahlen 1989 lebten meine Eltern wieder daheim in Polen. Am Tag der Wahl tauchte Vater bei Morgengrauen vor dem Wahllokal auf und wartete ungeduldig auf dessen Öffnung.

In den Neunzigerjahren zog ich zum Studium in die USA. Über die menschlichen Dimensionen der Naturwissenschaften hatte Vater eine rührend naive Vorstellung, und als ich in meinen Briefen über die Reibereien zwischen verwandten Abteilungen berichtete, und darüber, dass ich mich aus Unerfahrenheit und Naivität wie eingezwängt sah zwischen zwei aneinander stoßenden tektonischen Platten, da wunderte er sich über alle Maßen, dass die wissenschaftliche Welt nicht nur aus makellosen Newtons, Edisons, Einsteins und Feynmans besteht. Dabei enthält *Die Stimme des Herrn* doch eine so finstere, psychologisch gesehen treffende Schilderung dieses Milieus.

*

Gegen Ende seines Lebens beim Frühstück, dessen unweigerlichen Bestandteile mit einigen zehn Sacharintabletten gesüßter Kaffee und Sandkuchen waren – und zwar ohne Rücksicht auf den Fortschritt seiner Zuckerkrankheit –, erzählte Vater, was er in der Nacht erlebt hatte. Häufig waren das Gespräche, die er im Schlaf mit den Mächtigen dieser Welt führte. Neben zeitgenössischen Staatenlenkern wie Putin, Bush oder Angela Merkel kamen historische Persönlichkeiten oder die berühmtesten Vertreter der Wissenschaft vor. Und es konnte passieren, dass Vater nächtliche Gespräche mit Stalin führte, sich mit Churchill stritt oder mit Max Planck plauderte.

Im fortgeschrittenen Alter erkrankte er an Diabetes, was für einen Kenner von Marzipan und Halwa ein empfindlicher Schlag war. Die Notwendigkeit, den Zuckerspiegel zu messen, Insulin zu spritzen und Süßigkeiten einzuschränken, hatte Dialoge wie diesen zur Folge:
– Staszek, wisch dir den Mund ab. Du bist ganz mit Schokolade verschmiert.
– Ach woher! – Vater zuckte empört mit den Schultern. – Das ist keine Schokolade. Das kann gar keine Schokolade sein, denn ich bin doch zuckerkrank. Hast du das etwa vergessen? Das ist sicher Blut. Basia, ich blute!
Zu Vaters großer und ehrlicher Verwunderung stellte sich jedoch in der Regel heraus, dass das vermutete Blut tatsächlich Schokolade war.
Die folgende Szene spielte sich in einem Feinkostladen am Hauptmarkt ab, doch vermute ich, dass sie sich in Variationen auch an anderen Orten wiederholt haben dürfte.
Mutter und Vater betreten das Geschäft. Vor der Theke steht eine Schlange. Mutter wendet sich an die Wartenden und die Verkäufer:
– Bitte ein wenig Zucker für diesen Herrn – sagt sie und deutet auf Vater.
– Mein Mann ist Diabetiker, er hat einen Anfall von Unterzuckerung.
Die Schlange betrachtet den ihnen bekannt vorkommenden alten Herrn in Mantel und Barett wohlwollend.
Die Verkäuferin reicht ihm ein paar Stücke Würfelzucker. Vater protestiert sofort:
– Nein, Basia! Frag, ob sie Marzipan in Schokolade haben…
Diese Geschichte hat verrät nicht nur einiges über seine Ernährungsgewohnheiten, sondern zeigt auch das Phänomen »Basia« als Verbindung zur Außenwelt. »Basia, frag mal«, »Basia, sag mal«. Die meisten Kontakte mit dritten Personen überließ Vater seiner Frau. Das war oft bequem, »Basia« hatte schon die Pflichten einer Sekretärin und Assistentin, einer Reiseführerin, eines Lebensmittelversorgers, einer Ärztin und Beraterin übernommen, weshalb es ihr nur selbstverständlich erschien, noch eine weitere Rolle zu übernehmen. Gespräche »mit Basias Worten« fanden auch zu Hause statt, zum Beispiel beim Essen. Wir saßen alle am Tisch:

Rückkehr nach Polen

Abb. 36: Tomasz Lem mit seinem Vater, 1992

Vater, Mutter, Oma und ich; Vater unterbrach die in sich gekehrte kulinarische Stille und wandte sich an seine Frau, wobei er meistens so begann: »Basia, sag Tomek mal...«.
– Basia, sag Tomek mal, dass er sein Fahrrad nicht in der Garageneinfahrt stehen lassen soll.
– Sag es ihm doch selbst, er sitzt schließlich neben dir.
– Tomasz, deine Mutter hat gesagt, dass ich dir wiederholen soll...
Natürlich griff ich Vaters Angewohnheit sofort auf, und »Mama, sag Vater mal...« wurde zu einer meiner am häufigsten gebrauchten Wendungen. Eine gewisse Rechtfertigung mochte sein, dass Vater mir meistens nicht zuhörte, während Basia sich einer unbestreitbaren Autorität erfreute.

*

Als ich in den USA studierte, setzte ein relativ intensiver Briefwechsel mit Vater ein, dessen Wesen von dem zu Beginn des Buches angeführten Zitat gut ausgedrückt wird: Vaters inneres Leben bestand tatsächlich aus schwarzen Löchern. Da ich Amerika als eine Art gigantisches Disneyland ansah, in dem ich mich auf längere Zeit nicht wohlgefühlt hätte, beschloss ich nach dem Diplom nach Polen zurückzukehren. Vater war darüber höchst überrascht, da er insgeheim damit rechnete, dass, so wie Gregor Samsa sich in einen Käfer verwandelt hatte, ich bald schon zu Professor Hogarth aus *Die Stimme des Herrn* werden würde. Ich kündigte ihm das an und legte ihm möglichst genau die Umstände dar, die mich zur Rückkehr bewogen, doch fruchtete das nicht. Eigentlich war er weniger überrascht als wütend. Es kam zu einer peinlichen und unangenehmen Situation. Vater akzeptierte meine Entscheidung überhaupt nicht, war sich aber bewusst, dass er nicht eingreifen dürfe, was dazu führte, dass er das Thema mied, mir allerdings bei jeder Gelegenheit und unter jedem Vorwand diverse Bösartigkeiten mitteilte. Als ich mit dem Übersetzen begann, fand er sich erst nach dem zehnten, vielleicht nach dem fünfzehnten von mir übersetzten Buch halbwegs mit der neuen Realität ab, obwohl ich auch dann noch unter ungünstigen Umständen die Chance hatte, einen bissigen Kommentar zu hören.

*

Einen berühmten Vater zu besitzen, ist wohl weder ein besonderer Fluch noch ein Segen, auf jeden Fall habe ich keines dieser beiden Extreme erlebt. Und ich meine hier nicht den Vater Lem, der, wie jeder Vater, manchmal etwas im Leben gestört und manchmal geholfen hat, sondern den Schriftsteller Lem, die Ikone Lem. Der Name Lem hat im engen Familienumfeld verschiedene Reaktionen hervorgerufen, meistens von neutralen bis hin zu ziemlich positiven. An einem Ende des Spektrums befinden sich die ehemaligen oder gegenwärtigen Verehrer, von den Fans von Pilot Pirx über diejenigen, die sich nach den Vorlesungen aus *Golem* und Hogarths Gedanken aus *Die Stimme des Herrn* sehnten, bis hin zu den Liebhabern von *Philosophie des Zufalls* und *Summa*. Irgendwo in der Mitte liegt die Menge derer, die nie etwas von Lem gehört haben (die meisten Vertreter dieser Gattung habe ich in den Vereinigten Staaten getroffen). Am anderen Ende gibt es die exotischen Figuren, die meist urplötzlich auftauchen: Ein älterer Mitschüler aus der Grundschule, der mehrere Jahre in einer Klasse »überwintert« hat und mir vorwarf, dass mein Vater Besitzer eines Kasinos in Wien gewesen sei, und obwohl der »Vorwurf« absurd war, hätte es fast eine Prügelei gegeben. Und ein Chirurg, der mich zu einer Operation einwies und mir eine Erklärung zur Unterschrift unter die Nase hielt, dass man ihn nicht für mein Ableben

verantwortlich machen könne, wenn ich mich nicht unverzüglich ins Krankenhaus begebe, sagte beim Hinausgehen mit verzogenem Mund:
– Wissenschaftliche Fantasy mag ich überhaupt nicht.
Zwar gehörten solche Episoden zu den Ausnahmen, doch trotz der insgesamt positiven Bilanz meiner Kontakte mit Personen, die eine ausgeprägte Meinung über Stanisław Lems Schaffen hatten, habe ich im Laufe der Zeit die Überzeugung gewonnen, dass es sich leichter dort lebte, wo Vater nicht allgemein bekannt war, also in den USA, wo lediglich die Dozenten sowie die Studierenden – die merkwürdigerweise häufiger aus Ost- denn aus Westeuropa stammten – den Namen »Lem« mit Literatur in Verbindung brachten.

*

Wir hatten mehrfach voneinander Abschied genommen, doch bis zu diesem letzten, endgültigen Mal hatten alle diese Abschiede dem Schicksal zum Trotz ein glückliches Ende gehabt. Das Drehbuch ähnelte sich. Ein nächtlicher Sturz auf der Treppe, vom Insulin benebelt, ein Sturz in der Badewanne mit Bewusstlosigkeit und blutender Wunde an der Stirn, eine innere Blutung aufgrund zu vieler Schmerzmittel nach einem Beinbruch. Solche Geschichten geschehen vorzugsweise am Samstagabend oder in der Nacht (Vater stand um drei Uhr morgens auf). Manchmal musste er beim Transport wiederbelebt werden, und die wohlmeinende Notärztin war nicht sicher, ob ihr Patient noch lebte. Nach einer der Fahrten ins Krankenhaus wartete ich, um solche Erfahrungen bereichert, mit Mutter und Michał (dem von den *Diktaten*) vor der Tür zur Intensivstation. Nach einer Stunde oder zwei trat die Ärztin zu uns heraus, mit einem Gesicht so unergründlich wie eine Sphinx. Mit erstickter Stimme fragte ich, wie Vater sich fühle. Ich hatte Angst zu fragen, ob er lebe.
– PESEL – entgegnete sie sachlich. – Wir brauchen die Personenidentifikationsnummer.
Erst nach einer Weile gelang es uns herauszufinden, dass Vater gerettet werden konnte und für die weitere Behandlung bürokratische Schritte erforderlich waren, was nur mit der PESEL ging.
Die allerletzte Fahrt zum Krankenhaus, mit Nierenversagen und Lungenentzündung, hatte deshalb keinen dramatischeren Verlauf als alle vorherigen, sie verlief sogar fast ruhiger, weil Vater aus eigener Kraft in den Krankenwagen stieg, wo es doch früher manchmal notwendig war, dass

die Sanitäter ihn im Trab und mit Sauerstoffmaske auf einer Trage heraustrugen, oder vielmehr auf einem Tuch, das an einen Sack erinnerte. Nachdem sich sein Zustand plötzlich verschlechtert hatte und er intubiert werden musste, gab es aus medizinischer Sicht eigentlich keine Hoffnung mehr, obwohl man in solchen Fällen natürlich auf ein Wunder hofft. Die moderne Medizin kann den Kranken eine lange Zeit in einem Übergangsstadium halten – sie kann dann nicht mehr heilen, erlaubt es aber auch nicht, zu sterben. In unserem Fall dauerte dieser Zustand mehrere Wochen, von denen ich immer wieder träume. Subjektiv gemessen dauerte er einige Jahre. Ich hatte Gewissensbisse, dass ich Vater das unnötige Leiden nicht ersparen konnte.

Mein persönlichster Abschied von Vater war nicht die Beerdigung, die, auch wenn sie in kleinem Rahmen stattfand, auch einen offiziellen Charakter trug, sondern meine Fahrt nach Ruda Śląska, weil Vater kremiert werden wollte.

Michał begleitete mich. Der Leichenwagen fuhr vor uns würdevoll mit sechzig Stundenkilometern, es regnete. Kattowitz schien mir noch nie so weit entfernt zu sein. Die Kremierung selbst war ein Ereignis, das unendlich ergreifend und etwas unwirklich zugleich war.

Nach der Beerdigung stellte sich heraus, dass ich keine Filme anschauen konnte, in denen Vater im fortgeschrittenen Alter zu sehen war, da meine Gedanken hartnäckig zu den schlimmsten Krankenhauserinnerungen zurückkehrten. Und so hatte ich anfangs auch Angst, wieder zu seinen Büchern zu greifen. Zum Glück stellte sich heraus, dass der Umgang mit ihnen mir unter den veränderten Umständen Trost spendete.

*

Wenn Vater in den Sechzigerjahren Mutter zum Grab ihres Vaters fuhr, ließ er sich meistens auf den benachbarten Grabstein nieder, nahm die Unterhaltungszeitschrift SZPILKI heraus, setzte sich die Brille auf, legte die Stirn in Falten und las mit einem Auge (so sah er besser), wobei er von Zeit zu Zeit in Lachen ausbrach. Mutter fand sich allmählich mit diesem so lästerlichen Fehlen von Verständnis für Sitten und Konventionen ab, über deren Existenz Vater sich gar nicht bewusst war. Wenn ich jetzt sein Grab besuche, steht mir oft diese Szene vor Augen.

Gleichzeitig lassen die seltsamen Muster aus Steinchen und exotischen Münzen, die von Verehrern seiner Kunst auf der Sandstein-Grabplatte

Abb. 37: Die Großeltern Lem, Sohn Tomasz und Enkelin Ania, 2005

hinterlassen werden, sowie das Bewusstsein, dass das Grab des Weisen unaufhörlich von Jüngern aus allen Weltgegenden besucht wird, an eine andere Szene denken:

> »Schließlich blieb er vor der Einfriedung eines Grabmals stehen, das durch die Strenge seiner geometrischen Formen Kälte und Nüchternheit ausstrahlte, besonders aber durch eine sechseckige Grabplatte, die fugenlos in einen Sockel aus nichtrostendem Stahl eingepasst war (…). Mit beiden Händen umfasste er das Täfelchen, auf dem in schwarzen, schmucklosen Lettern der Name seines Lehrmeisters stand, und brachte es mit einer geschickten Drehung in die erforderliche Position, so dass es geräuschlos wie der Deckel einer Schmuckkassette aufschnappte. Der Mond war hinter einer

Wolke verschwunden, und es war jetzt so finster, dass er die Hand nicht vor Augen sehen konnte; im Dunkeln ertasteten seine Fingerspitzen etwas, das sich wie ein Sieb anfühlte, und dicht daneben einen großen, flachen Knopf, der sich zunächst nicht in seine ringförmige Einfassung pressen ließ. Schließlich drückte er ihn mit voller Kraft nieder und erstarrte, zu Tode erschrocken über die eigene Kühnheit. Zu spät, schon begann es im Innern des Grabmals zu rumoren, Strom floss mit leisem Knistern durch sämtliche Leitungen, Relais nahmen unter gleichmäßigem Ticken ihre Arbeit auf, dann ertönte ein tiefes Brummen – und tiefe Stille trat ein. Trurl vermutete einen feuchtigkeitsbedingten Kurzschluss (...) und spürte Enttäuschung, aber auch (...) Erleichterung in sich aufsteigen. Im selben Moment jedoch hörte er ein heiseres Krächzen, dann ein zweites, und schließlich ließ sich eine müde, greisenhaft zitternd – und dennoch so vertraute – Stimme hören

– Was ist los? Was ist denn nun schon wieder los? Wer hat mich gerufen? Was willst du? Was sollen diese dummen Streiche mitten in ewiger Nacht? Könnt ihr mich nicht endlich in Ruhe lassen? Muss ich denn alle naslang von den Toten auferstehen, nur weil es irgendeinem Strolch und Kyberversager gerade in den Kram passt? Melde dich endlich! (...) Na warte, wenn ich erst draußen bin, wenn ich erst meinen Sarg aufgebrochen habe, dann kannst du ...

– G ... Großer Meister! Ich bin's ... Trurl! (*Experimenta Felicitologica* aus *Kyberiade,* Übers.: Jens Reuter)

Quellen der Zitate

Stanisław Lem: Kyberiade. Fabeln zum kybernetischen Zeitalter. Aus dem Polnischen von Jens Reuter u. a. Frankfurt am Main 1983, S. 351–352.
– *Die Rechtschreibung ist an die heutigen Gepflogenheiten angepasst worden.*

Stanisław Lem: Dyktanda, czyli w jaki sposób wujek Staszek wówczas Michasia – dziś Michała – uczył pisać bez błędów. Kraków 2001, S. 55, 26.

Stanisław Lem: Listy albo Opór materii, ausgewählt u. bearb. v. Jerzy Jarzębski. Kraków 2002, S. 87, 18–19, 246–247, 173, 248, 147, 119, 131, 144, 37, 210–211, 248.

Jeremi Przybora: Przymknięte oko Opaczności, memuarów część II. Warszawa 1998, S. 188.

Świat na krawędzi. Ze Stanisławem Lemem rozmawia Tomasz Fiałkowski. Kraków 2007, S. 9, 76, 89, 69, 91–92, 94, 104.

Tako rzecze… Lem. Ze Stanisławem rozmawia Stanisław Bereś. Kraków 2002.

Polnische Profile
Herausgegeben von Peter Oliver Loew

8: Piotr Wierzbicki
Der flimmernde Ton
Essay über Chopins Stil
Herausgegeben und übersetzt
von Steffen Möller
2019. VIII, 188 Seiten, br
135x200 mm
ISBN 978-3-447-11266-6
⊙E-Book: ISBN 978-3-447-19929-2
je € 19,– (D)

Ausgerechnet Chopin, der für das Klavier die vielleicht gesanglichsten Melodien der gesamten Musikgeschichte erfand, schrieb relativ unbedeutende Lieder. Warum war das unvermeidlich? Und was ging schief in Chopins letzter großen Komposition, der Cellosonate? Wer war der bedeutendste Chopin-Interpret des zwanzigsten Jahrhunderts – und was hat der amerikanische Jazzpianist Thelonious Monk damit zu tun?
Der polnische Essayist und Schriftsteller Piotr Wierzbicki entwirft ein dichtes, faszinierendes Porträt Chopins, das sich nicht mit biographischen Anekdoten aufhält, sondern den kühnen Versuch unternimmt, dem Geheimnis seiner Musik und ihrem rätselhaften Changieren zwischen herber Schroffheit und salonhaftem Charme auf die Spur zu kommen. Außerdem berichtet Wierzbicki von der hypnotischen Anziehungskraft des legendären Warschauer Chopin-Klavierwettbewerbs, den er seit 1955 verfolgt, von bekannten und weniger bekannten Teilnehmern, von tiefen Enttäuschungen, angenehmen Überraschungen und einer heiklen Frage, die er dem alten Artur Rubinstein stellte.

9: Danuta Gwizdalanka
Der Passagier
Der Komponist Mieczysław Weinberg im
Mahlstrom des zwanzigsten Jahrhunderts
Aus dem Polnischen von Bernd Karwen
2020. VIII, 114 Seiten, 14 Abb., br
135x200 mm
ISBN 978-3-447-11409-7
⊙E-Book: ISBN 978-3-447-19987-2
je € 18,– (D)

Zu seinem 100. Geburtstag ist die Rezeption der musikalischen Werke des polnisch-jüdischen Komponisten Mieczysław Weinberg, der in der Sowjetunion den Holocaust überlebte, noch in vollem Gange. Seine Oper *Die Passagierin* hatte ihm nach langer Zeit endlich zum Durchbruch verholfen. Weinbergs Werke werden inzwischen von hervorragenden Interpreten gespielt und begeistern das Publikum. Doch wie sind Leben und Werk verwoben? Weinberg verknüpft in seinen Werken polnische, jüdische und auch sowjetische Einflüsse, geht aber über diese rein folkloristischen Anklänge hinaus und lässt sie zu komplexen und tiefgründigen Kompositionen verschmelzen. Sein dramatisches Leben als Opfer des Nationalsozialismus ebenso wie der sowjetischen kommunistischen Repressionen wirft ein Schlaglicht auf das zwanzigste Jahrhundert.
Die Musikwissenschaftlerin Danuta Gwizdalanka beschreibt kenntnisreich Weinberg und die drei Welten, die ihn geprägt haben. Dabei greift die Autorin auf umfangreiches und neues Quellenmaterial zurück.

Polnische Profile
Herausgegeben von Peter Oliver Loew

10: Marek A. Cichocki

Nord und Süd
Texte über die polnische Geschichtskultur
Aus dem Polnischen übersetzt
von Hans Gregor Njemz
2020. VI, 298 Seiten, br
135x200 mm
ISBN 978-3-447-11516-2
⊙E-Book: ISBN 978-3-447-39017-0
je € 24,90 (D)

11: Tadeusz Różewicz

Unser älterer Bruder
Eine Text-Collage
Herausgegeben und aus dem Polnischen übersetzt von Bernhard Hartmann & Alois Woldan
2021. XII, 234 Seiten, 27 Abb., br
135x200 mm
ISBN 978-3-447-11610-7
⊙E-Book: ISBN 978-3-447-39108-5
je € 22,90 (D)

In sechs großen historischen Essays spürt Marek A. Cichocki Polens Selbstverständnis in Europa nach. Dabei stellt er die traditionelle Einordnung des Landes in ein Ost-West-Schema in Frage: Der Osten hat sich für Polen oft als eine zerstörerische Verheißung erwiesen, der Westen hingegen, und insbesondere Deutschland, wollte Polen nach seinen eigenen Vorstellungen ummodeln. Doch ist es im Grunde der Süden, der Polen in fruchtbarem Konflikt mit römischen und italienischen Vorbildern mannigfach geprägt und von einem Land der Barbaren zu einem Kernland der europäischen Kultur gemacht hat.

Cichockis Buch lässt verständlich werden, warum viele konservative Intellektuelle in Polen mit den Traditionen des liberalen Westens hadern, die das Land in den letzten Jahrzehnten in ihre Entwicklungslogiken gezogen haben. Ob vielleicht immer noch gilt, was Julian Klaczko 1849 im deutschen Original schrieb? „Polen muß das Correctiv des kosmopolitischen Fortschritts in dem nationalen Konservatismus des Slawenthums werden" …

Der Essayband wurde 2019 mit dem renommierten Józef Mackiewicz-Preis ausgezeichnet.

Es waren drei Brüder: Ein Dichter, ein Filmregisseur und einer, der auch Dichter hätte werden können – wäre er nicht im letzten Kriegsjahr wegen seiner Untergrundaktivität von den Deutschen verhaftet und ermordet worden. Der Schriftsteller Tadeusz Różewicz (1921–2014), einer der großen polnischen Lyriker nach dem Zweiten Weltkrieg, hat in dieser ergreifenden Anthologie seinem älteren Bruder Janusz (1918–1944) ein literarisches Denkmal gesetzt, zu dem neben anderen auch der dritte Bruder Stanisław (1924–2008) Texte beigetragen hat: Janusz hatte für beide eine wichtige Vorbildfunktion.

Der Band enthält Gedichte, Prosafragmente und ausgewählte Briefe von Janusz, zahlreiche Erinnerungen an ihn sowie eine Reihe von Gedichten Tadeusz Różewiczs über seinen Bruder. Ergänzt durch Abbildungen entwirft diese Text-Collage das faszinierende Bild eines vielseitig begabten jungen Mannes, dessen Leben viel zu früh endete.